Fred Heinrich

Selbst Spielzeug und Möbel für Kinder bauen

Compact Verlag

Alle Anleitungen wurden
sorgfältig erprobt — eine
Haftung kann dennoch
nicht übernommen werden.
Umschlaggestaltung: Inga Koch
Printed in Germany
ISBN 3-8174-2207-5

Ein Wort zuvor

Selbermachen – ein Hobby, das heute für Millionen zur sinnvollen Freizeitbeschäftigung geworden ist. Ob es sich nun um die gemietete Altbauwohnung oder um die eigenen vier Wände handelt, mit etwas Geschick und einer fachmännischen Anleitung lassen sich oft verblüffende Ergebnisse erzielen: bei kleineren Reparaturen, beim Renovieren und Verschönern und beim Um- und Ausbauen.

Und Selbermachen bringt Spaß. Freude an der eigenen Arbeit, deren Ergebnis man Tag für Tag sehen und „bewundern" kann; es spart Geld, mit dem sich lang gehegte Wünsche erfüllen lassen, und es macht unabhängig von Handwerkern, auf die man womöglich wochenlang vergeblich gewartet hat.

Fachgeschäft, Heimwerker- und Baumärkte versorgen den Hobby-Handwerker mit allen Werkzeugen und Materialien, die er braucht. Doch richtiges Werkzeug und Begeisterung allein reichen nicht aus. Unerläßlich sind eine gründliche Vorbereitung und Fachkenntnisse, wie eine Arbeit durchzuführen und was dabei zu beachten ist.

COMPACT PRAXIS **Selbst Spielzeug und Möbel für Kinder bauen** zeigt, wie man's macht. Mit wertvollen Tips und Tricks, die sich in der Praxis tausendfach bewährt haben. Jeder Arbeitsgang wird ausführlich Schritt für Schritt gezeigt und in Bild und Text erläutert. Übersichtliche Symbole zeigen auf einen Blick, mit welchem Schwierigkeitsgrad, welchem Kraft- und Zeitaufwand Sie bei jedem Arbeitsgang rechnen müssen, welche Werkzeuge Sie brauchen und wieviel Geld Sie durch Ihre eigene Arbeit einsparen können.

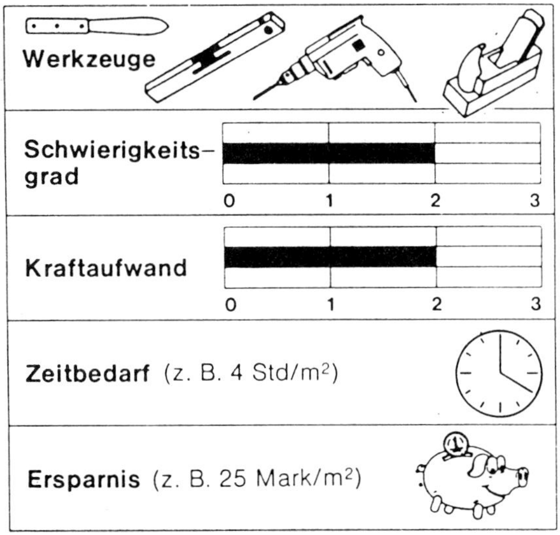

Und so stufen Sie sich richtig ein:

Schwierigkeitsgrad 1 – Arbeiten, die auch der Ungeübte ausführen kann. Es ist nur geringes handwerkliches Geschick erforderlich.

Schwierigkeitsgrad 2 – Arbeiten, die einige Übung im Umgang mit Werkzeug und Material erfordern. Es ist handwerklich durchschnittliches Geschick notwendig.

Schwierigkeitsgrad 3 – Arbeiten, die fachmännische Übung erfordern. Überdurchschnittliches Geschick ist erforderlich.

Kraftaufwand 1 – leichte Arbeit, die jeder erledigen kann.

Kraftaufwand 2 – Arbeiten, die eine gewisse körperliche Kraft voraussetzen.

Kraftwand 3 – Arbeiten für kräftige Heimwerker, die keine „Knochenarbeit" scheuen.

Inhaltsverzeichnis

Inhalt

Arbeitsanleitungen

Holz – ideal für Spielzeug und Möbel

Ohne Zweifel ist Holz das interessanteste und vielseitigste Baumaterial, das dem Heimwerker zur Verfügung steht. Aus Holz kann man praktisch alles bauen, angefangen vom Spielzeug bis hin zum ganzen Haus. Aber Holz ist keine tote Materie. Es arbeitet selbst und setzt, wenn man nicht aufpaßt, der Bearbeitung Widerstand entgegen. Aber gerade weil es keine tote Materie ist, muß man immer wieder bei der Verarbeitung auf Überraschungen gefaßt sein.

Das sorgsam vorbereitete Brett kann sich plötzlich werfen oder verziehen. Ein Holzdübel kann abbrechen und ein nicht richtig vorbereitetes Stück Holz kann reißen oder brechen. Holz muß aber auch richtig behandelt werden, wenn es in seiner ganzen Schönheit zur Geltung kommen soll. Das heißt, die **richtige Oberflächenbehandlung** ist wichtig (vgl. dazu: Materialkunde Farben und Lacke ab S. 8).

Es würde zu weit führen, wenn wir hier alle Eigenschaften des Holzes, seine Entwicklungsgeschichte, das Wachstum und so weiter ausführlich behandeln würden. Derartige Spezialkenntnisse braucht eigentlich auch nur der Tischler, der täglich mit diesem Material umgeht. Einige Detailkenntnisse sind aber auch für den Heimwerker oder Laien wichtig. Dazu gehört die Kenntnis vom **„Arbeiten des Holzes"**. Frisches Holz, so wie es aus dem Wald kommt, enthält durchschnittlich 70 Prozent Wasser. Lufttrockenes Holz, wie wir es im Baumarkt kaufen können, hat immerhin noch 20 Prozent. Dieses „knochentrockene" Holz ist hygroskopisch und nimmt ständig Feuchtigkeit aus seiner Umgebung auf, es kann deshalb bei sehr

Lustige Katzen aus Massivholz

Eine Lokomotive nicht nur für Buben

genauen Arbeiten leicht zu Komplikationen kommen. Jeder Heimwerker, der schon einmal eine Wand vertäfelt hat, kann ein Lied davon singen. Lassen Sie sich darum beim Einkauf beraten und erklären Sie dem Verkäufer, wofür Sie das Holz brauchen. Harzgallen, diese klebrigen „Astlöcher", sind ebenfalls tückisch. Sie werden jede noch so gute Politur nach kurzer Zeit zerstören. Am besten bohren Sie sie aus. Eine eingeleimte Astlochscheibe (kann man in verschiedenen Größen fertig kaufen) füllt das Bohrloch wieder aus. Auch Maserwuchs und Drehwuchs sind Fehler im Holz, die zwar optisch oft sehr schön aussehen, die sich aber für tragende Verbindungen keinesfalls eignen. Für Spielzeug und wenig belastete Kleinmöbel lassen sie sich jedoch oft gut verwenden.

Vor allem ist dieses minderwertige Holz in der Regel meist sehr viel billiger als optisch und physikalisch einwandfreies trockenes Holz. Aber da wir in diesem Buch ja nur Spielzeug und kleinere Möbel behandeln, kommt es auf den Preis vielleicht nicht so sehr an.

Für **selbstgebaute Spielzeuge** aus **Massivholz** sollten Sie jedoch in jedem Fall nur wirklich einwandfreies Holz verwenden. Und dieses darf nicht mehr als 5 bis 10 Prozent Feuchtigkeit enthalten. Am besten lassen Sie sich dabei von einem Fachmann – vielleicht einem Tischlereibetrieb – beraten.

Die wichtigsten Handelsformen auf einen Blick:

Massivholz wird aus dem Baum geschnitten. Es ist in den unterschiedlichsten Stärken, auf Grund des Baumdurchmessers aber nur in beschränkten Breiten erhältlich.

Tischlerplatten sind etwa 2 Zentimeter starke Holzleisten, die miteinander verleimt sind und auf der Ober- und Unterseite ein etwa 2 Millimeter starkes Absperrfurnier aufweisen; billiger als Massivholz und sehr viel leichter.

Spanplatten bestehen aus einer unter hohem Druck gepreßten Mischung aus Holzfasern, Sägespänen und Kunstharzleim. Ober- und Unterseite sind glatt geschliffen. Im Handel werden sie im allgemeinen billiger angeboten als Tischlerplatten.

Sperrholz besteht aus einer ungeraden Anzahl von dünnen Holzflächen, die im rechten Winkel zueinander verleimt sind. Die Oberflächen weisen immer die gleiche Maserungsrichtung auf.

Furnier ist ein etwa 2 Millimeter starkes Massivholz. Es dient zur Veredelung von Span- und Tischlerplatten und kann notfalls auch selbst verarbeitet werden.

Leimhölzer sind sozusagen zusammengesetzte Massivhölzer, die in verschiedenen Breiten und Stärken erhältlich sind. Sie bestehen aus zusammengeleimten Holzabschnitten und sind wie Massivholz universell einsetzbar.

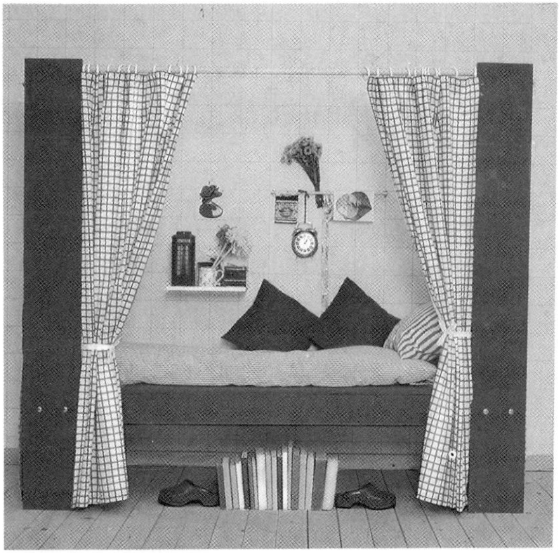

Ein Bett zum Wohlfühlen

1

2

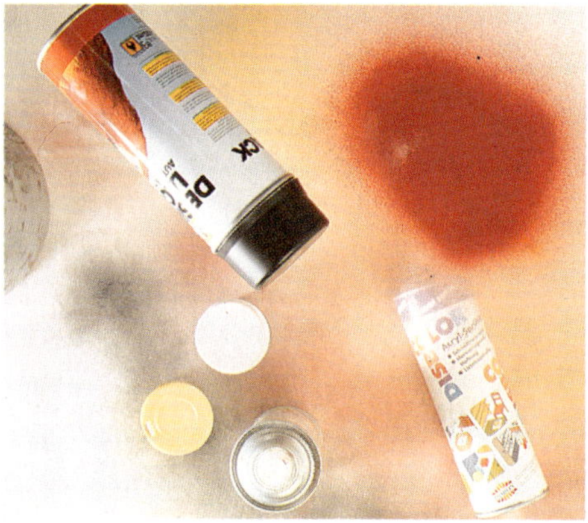

3

Farben, Lacke, Lasuren und Beizen

Alle Holzoberflächen lassen sich auf vielfältige Art farbig gestalten. Man kann sie je nach Beanspruchung lackieren, lasieren, beizen oder mit einer einfachen Binderfarbe streichen. Da es ein Grundsatz dieser Buchreihe ist, alle Arbeitsgänge so einfach und übersichtlich wie möglich zu gestalten, haben wir uns dort, wo es um das farbige Lackieren geht, grundsätzlich für **wasserverdünnbaren Dispersionslack** entschieden.

Dieser Werkstoff läßt sich leicht verstreichen, er entwickelt keine benzinartigen Dämpfe, ist nicht feuergefährlich und trocknet sehr schnell. Darüber hinaus ist es möglich, Farbspritzer von nicht saugfähigen Untergründen in frischem Zustand mit einem feuchten Lappen restlos wieder wegzuwischen. **Wichtig ist,** daß die Farbe gut durchtrocknen muß, bevor ein direkt angrenzender anderer Farbton angesetzt wird. Dispersionslack ist vergilbungsfrei und glanzstabil. Außerdem versprödet er nicht, so daß es später auch kein Abplatzen gibt. Pro Quadratmeter werden auf glatten Untergründen rund 200 Gramm Farbe bei einem zweimaligen Anstrich benötigt. Alle Farbtöne lassen sich untereinander mischen und, wie gesagt, mit Wasser verdünnen, was besonders bei der Verwendung einer Spritzpistole wichtig ist.

Da Dispersionslack von außen nach innen trocknet, sollte eine starke Beanspruchung erst nach drei oder vier Tagen erfolgen.

Oberflächlich trocken ist der Lack bereits nach ein bis zwei Stunden. Glänzende oder seidenmatte Lacke und Farben können entweder mit dem Pinsel (Abb. 1) oder einer kleinen Lammfell- besser noch mit einer Schaumstoffrolle aufgetragen werden (Abb. 2). In manchen Fällen ist auch ein Sprühlack (Abb. 3) empfehlenswert. Hier ist man sicher, daß auch der letzte Winkel von Farbe erreicht wird.

Alle Arbeitsgeräte – Pinsel, Spachtel, Walzen usw. – können nach Gebrauch mit warmem oder heißem Wasser einfach ausgewaschen werden. Im übrigen gilt auch bei den umweltfreundlichen Dispersionsfarben und -lacken der alte Grundsatz: Lieber zweimal dünn, als einmal dick lackieren.

Außer mit verschiedenen Farbanstrichen kann man die Holzoberfläche auch mit **Beizen** und **Lasuren** behandeln und so die originale Schönheit des Holzes hervorheben und unterstreichen.

Am einfachsten durchführen läßt sich das Beizen. Im Handel sind zwei verschiedene Formen erhältlich: die **Pulver- oder Granulatbeize** und die fertig angemischte **Wachsbeize.**

Die **Pulverbeize** kann entweder mit Wasser zu einer Wasserbeize oder mit Spiritus zu einer Spiritusbeize angemischt werden. Beide Lösungen müssen vor der Verarbeitung eine zeitlang stehen, damit sich Rückstände absetzen können. Ganz vorsichtige Heimwerker gießen sie zusätzlich noch durch ein Wolltuch als Filter. Von den Beizen ist alles Eisen fernzuhalten, also keine Blechtöpfe oder Pinsel mit Metallzwingen benützen, da Eisen die chemische Zusammensetzung verändert.

Fertige angemischte **Wachsbeize** (Abb. 4) ist eine Lösung, die direkt aus der Flasche ohne weitere Vorbereitung benutzt werden kann. Im Gegensatz zur Wasserbeize, die nach dem Tocknen stumpf wirkt, bedarf sie keiner weiteren nachträglichen Behandlung.

Lasuren kann man ebenfalls fertig kaufen, sie sind jedoch in der Verarbeitung für die Arbeiten, die wir in diesem Buch zeigen, zu aufwendig und auch nicht erforderlich. Die Vorbehandlung des Untergrundes ist bei dieser Technik wesentlich umfangreicher.

Um nahezu den gleichen Effekt zu erzielen, genügt bei den von uns vorgestellten Gegenständen, soweit überhaupt erforderlich, ein nicht zu billiger **guter Klarlack.**

Wer bei bestimmten Werkstücken die Maserung des Holzes selbst wirken lassen will, muß trotzdem die Oberfläche mit einem klaren Lack oder mit Holzbalsam behandeln.

4

Naturfarben

Lacke, Lasuren, Wachse

Naturharzlacke

Was man über Naturfarben und -beizen wissen sollte

Farben, Lacke, Kleber und vielerlei anderes Material, werden heute von einigen Firmen bereits auf **reiner Naturbasis** hergestellt. Solche Naturmaterialien werden allerdings selten von Fachgeschäften, sondern mehr von sogenannten „Grünen Läden" angeboten. Aber auch Naturprodukte sind keineswegs immer ungiftig. Aber sie sind immer umweltfreundlich und bei richtigem Gebrauch für die menschliche Gesundheit unschädlich.

Wenn es um sogenannte Bio-Lacke und -Farben geht, schlagen die Wogen hoch. In jeder Diskussion, in der es darum geht, inwieweit Anstrichstoffe gesundheitliche Auswirkungen auf den Verarbeiter bzw. den Benutzer (spielende Kinder!) haben können, bilden sich schnell zwei Gruppen. Die einen schwören grundsätzlich auf Bio-Farben, die anderen geben, sofern sie sachlich diskutieren, zwar zu, daß hier in der Vergangenheit von der chemischen Industrie viele Fehler gemacht wurden und auch noch werden, behaupten jedoch, daß auch Bio-Farben keineswegs ungefährlich sind. Die Wahrheit liegt wohl, wie immer, in der Mitte.

Hier die wichtigsten Fragen und Antworten nach dem neuesten wissenschaftlichen Kenntnisstand.

Frage: Enthalten Bio-Lacke grundsätzlich keine Giftstoffe?

Antwort: Nein! Bio-Lacke können Terpentin- und Limonenöl enthalten. Beide Stoffe sind nach der Arbeitsstoffverordnung mit dem warnenden Andreaskreuz gekennzeichnet. Sie können Hautekzeme und Allergien auslösen. Bei Limonen gibt es Anhaltspunkte für krebserzeugende Eigenschaften.

Frage: Bekommen Bio-Lacke und Bio-Farben

Naturharzfarben

die Plakette der „blaue Umweltengel"?

Antwort: In der Regel enthalten Bio-Lacke genau wie herkömmliche Bautenlacke etwa 40 bis 50 Prozent Lösungsmittel. In der Regel wird der „blaue Engel" jedoch nur an lösungsmittelarme Lacke vergeben, wobei der Lösungsmittelanteil 15 Prozent nicht übersteigen darf.

Frage: Durchgetrocknete Bio-Lackanstriche geben keine schädlichen Dämpfe an die Raumluft ab. Ist das richtig?

Antwort: Nein! Bio-Lacke und Bio-Farben, die als Bindemittel Pflanzenöle wie Leinöl, Sojaöl etc. enthalten, spalten zusammen mit Luftsauerstoff bei der Filmhärtung im Durchschnitt drei bis vier Prozent reaktive Aldehydverbindungen ab.

Bei Pflanzenölfarben (z. B. Heizkörperlack) wurden jetzt sieben verschiedene Aldehydverbindungen in der Raumluft nachgewiesen.

Trotz dieser wissenschaftlichen Erkenntnisse, die sich auch von überzeugten Bio-Freunden nicht hinwegdiskutieren lassen, gibt es natürlich eine Reihe von Bio-Produkten, die garantiert unschädlich sind. Gerade bei der Oberflächenbehandlung von Kinderspielzeug aus Massivholz, über das wir in diesem Buch berichten, ist beispielsweise Holzbalsam, eine Mischung aus Bienenwachs und Honig, sicherlich besser geeignet als der beste Klarlack. Hygienisch gesehen allerdings gibt es da auch wieder Einschränkungen. Auch preislich stellt man oft große Unterschiede fest. Es muß also jedem selbst überlassen bleiben, für welche Produkte er sich entscheidet. Ihre Verarbeitung ist in den meisten Fällen identisch.

Die wichtigsten Werkzeuge

Auf diesen beiden Seite finden Sie Kurzbeschreibungen der wichtigsten Werkzeuge, die Sie zum Bauen von Spielzeug und Möbeln benötigen. Welche Werkzeuge Sie für einzelne Arbeitsgänge und -anleitungen brauchen, ersehen Sie aus den Abbildungen unter der Rubrik „Werkzeuge", die Sie bei allen Arbeitsanleitungen finden.

Werkzeuge zum Messen

1

2.

3

4
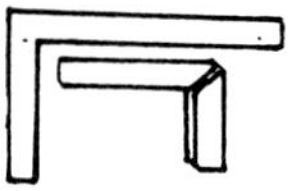

5.

1. **Zollstock:** Universalwerkzeug zum Ausmessen.
2. **Bandmaß:** Zum Messen großer Abstände geeignet.
3. **Wasserwaage:** Mit ihr können Sie waagerechtes und senkrechtes Einmessen von Lattung und Verkleidung vornehmen.
4. **Winkelmaß:** Zum Anzeichnen rechter Winkel beim Ablängen von Latten und Brettern.
5. **Schmiege:** Zur Übertragung von Winkeln auf alle Arten von Latten und Bretter.

Werkzeuge zum Sägen und Schneiden

6

7

8.

9
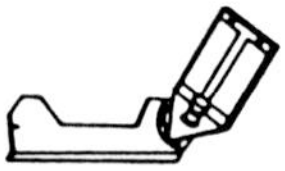

10.
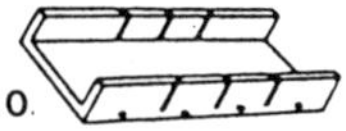

11
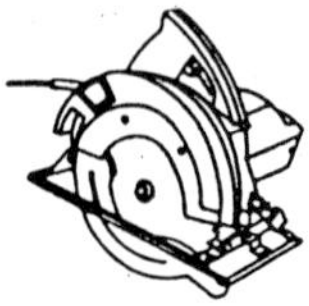

12

13
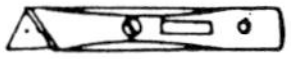

14

15

16

17

18

6. **Fuchsschwanz:** Eignet sich zum Ablängen aller Arten von Kanthölzern und Latten.
7. **Feinsäge:** Zum Ablängen von Leisten und Latten, sowie zum Einschneiden von Profilbrettern.
8. **Lochsäge:** Zum Ausschneiden von Löchern in Brettern und Platten bestens geeignet.
9. **Gehrungssäge:** Um beim Sägen Winkel exakt einhalten zu können, sind feststellbare Gehrungssägen recht nützlich. Es geht jedoch auch mit einer Feinsäge, die in einer Gehrungslade sorgfältig geführt werden muß,
10. **Gehrungslade:** Sie ist notwendig zum Führen von Sägen im Winkel von 45 und 90 Grad.
11. **Handkreissäge:** Zum Ablängen und Besäumen von Brettern.
12. **Stichsäge:** Elektrische Stichsägen werden zum Ausschneiden von Formen und Löchern in Brettern und Platten benutzt.
13. **Cuttermesser:** Zum Schneiden von Folien, Papier und dünnen Dämmstoffplatten, sowie von Gipskarton- und Gipsfaserplatten.
14. **Blechschere:** Zum Ablängen von Blechen verschiedener Stärke.
15. **Metallbügelsäge:** Zum Sägen von Metallteilen (Profilen, Scharnieren).
16. **Kreisschneider:** Als Zusatzgerät zu Heimwerkermaschinen erhältlich, zum Sägen von größeren Löchern (ab 25 mm); als Ersatz können Sie auch eine Lochsäge verwenden, aber das ist mühsamer.
17. **Schere:** Zum Schneiden von Papier, Stoff, Folie etc.
18. **Glasschneider:** Zum Zuschneiden von Glas und dünnen Fliesen.

Werkzeuge zum Befestigen

19
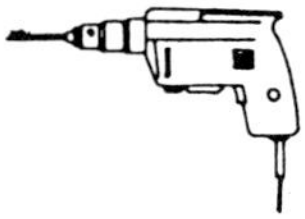

20

21
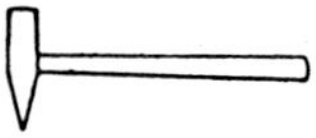

22

23

24
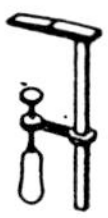

19. **Elektrobohrmaschine:** Zum Bohren von Löchern in Holz. Zum Bohren in Stein oder Beton braucht man unbedingt eine Schlagbohreinrichtung.
20. **Schraubenzieher:** Zum Anziehen verschiedener Schrauben; in diversen Größen erhältlich.
21. **Hammer:** Universalwerkzeug für jeden Heimwerker; in verschiedenen Gewichten erhältlich.
22. **Versenkstift:** Zum Versenken von Nägeln, die nur leicht unter die Holzoberfläche getrieben werden sollen und zur Vermeidung von Beschädigungen des Holzes beim Nageln mit kleinen Nägeln.
23. **Tacker:** Zum Einschießen von Takkerklammern oder -stiften in Holz. Geeignetes Werkzeug für viele Befestigungen.
24. **Schraubzwinge:** Häufig werden beim Sägen oder Befestigen von Profilbrettern Schraubzwingen eingesetzt. Man sollte hierbei darauf

achten, daß es durch zu festes Anziehen der Schraube nicht zu Beschädigungen des Holzes kommt.

25

25. Bohrständer: Zum Bohren von paßgenauen Löchern in Massivholzleisten und Spanplatten. Er ermöglicht, daß Sie immer gleich tiefe Löcher bohren.

26
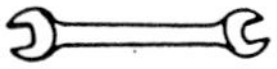

26. Gabelschlüssel: Sie sind in verschiedenen Größen und als Satz erhältlich und dienen zum Festschrauben von Kantschrauben.

27
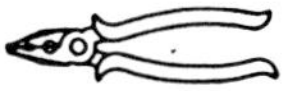

27. Kombizange: Eine Kombination aus Flachzange, Beißzange und Pumpenzange.

28

28. Drillbohrer: In verschiedenen Stärken für feine Bohrarbeiten geeignet.

29

29. Beißzange: Sie dient nicht nur zum Ziehen von Nägeln und zum Durchbeißen von Drähten, sie ist auch ein vielseitiges Halte-, Greif- und Spannwerkzeug.

Werkzeuge zur Oberflächenbehandlung

30
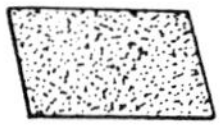

30. Schleifpapier: In den verschiedensten Körnungen ist Schleifpapier wichtig zum Schleifen der Holzoberflächen. Grobschleifen: Körnung 80 – 120. Feinschleifen: Körnung 150 – 220.

31
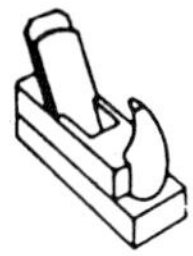

31. Hobel: Vielfach verwendbar: zum Abrichten von mit der Säge besäumten Profilbrettern, zum Abhobeln von Nuten und Federn, zum Abschrägen der Tropfkanten, etc.

32

32. Stechbeitel: Geeignet zum Einstemmen von Zapfenlöchern, zum Ausstemmen von Löchern und zum Abstoßen von überstehenden Umleimern.

33

33. Beizpinsel: Zum Auftragen von Beizen werden spezielle Beizpinsel verwendet, deren Borsten nicht mit Metall gebunden sind, denn bei Metallkontakt können sich Beizen verfärben.

34
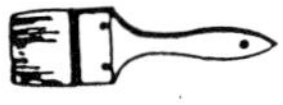

34. Lackierpinsel: Zum Lackieren von größeren Flächen.

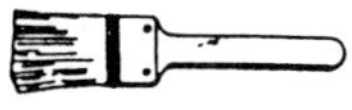
35

35. Lasurpinsel: Zum Lasieren von Holzflächen; sie müssen nicht die Qualität wie Lackierpinsel aufweisen.

36

36. Schwingschleifer: Mögliches Zusatzgerät Ihrer Heimwerkermaschine zum sauberen Glattschleifen von Holzoberflächen vor der Weiterbehandlung mit Lacken oder Beizen.

37

37. Fräse: Zusammen mit Zusatzgeräten für Profile und Hohlkehlen eignet sie sich hervorragend zur Gestaltung von Holzoberflächen.

38

38. Hohlkehlenfräser: Einsatz für die Fräse zum Gestalten von Holzoberflächen.

39

39. Kleine Pinsel: Sie gewährleisten, daß man auch noch in diffizile Ecken Farbe und Lack streichen kann.

40

40. Schnitzmesser: Damit können Sie kleine Ornamente und Muster in Holzoberflächen schnitzen.

41

41. Schleifklotz: Er eignet sich zusammen mit Schleifpapier, das man um ihn herumschlägt, zum Glätten und Säubern von Oberflächen.

42

42. Ringpinsel: Erhältlich in verschiedenen Größen; eignet sich gut für Lackarbeiten.

43
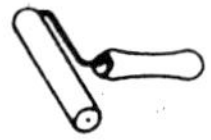

43. Schaumstoffrolle: (Groß und klein) geeignet zum Auftragen von Lacken aller Art.

44

44. Roßhaarbürste: Nach dem Beizen fördert das Reiben mit einer Roßhaarbürste den Glanz auf der Holzoberfläche.

45

45. Farbwanne: Ein flaches Gefäß, geeignet für Lackfarben, die mit der Rolle aufgetragen werden.

46

46. Feile: Zum Glätten und Abrunden von Ecken und Kanten.

47

47. Spachtel: Zum Auftragen und Glätten von Spachtelmasse, zum Entfernen alter Lack- und Pflegemittelreste vor dem Grundieren.

48
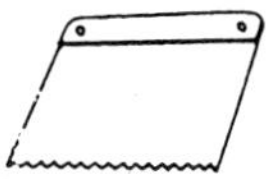

48. Zahnspachtel: Zum Auftragen von Klebern.

49

49. Lammfellrolle: Eignet sich zum vollflächigen Auftragen von Anstrichmitteln.

50

50. Kleine Lammfellrolle: Zum Auftragen von Farben und Lacken in kleine Flächen und Ecken.

Zusätzliche hilfreiche Werkzeuge

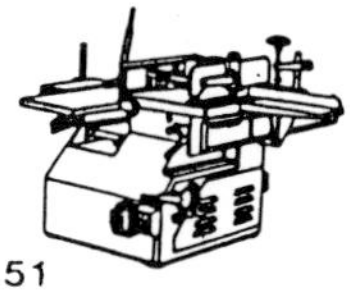
51

51. Heimwerkermaschine: Möglichst elektronisch gesteuert, eignet sie sich nicht nur zum Bohren, sondern ist mit verschiedenen Zusatzgeräten vielfach beim Heimwerken einsetzbar und erleichtert die Arbeit.

52

52. Bügeleisen: Geeignet zum Aufkleben von Kunststoff- und Echtholz-Umleimern.

Ein paar Tips zum Basteln

Jeder Heimwerker kennt da so ein paar Tricks, die er je nach Charakter hütet wie seinen Augapfel oder freudig seiner Umwelt mitteilt, auf daß sein Nachbar es leichter habe als er selbst, bevor er auf den Trick kam. Wir sind großzügig und wollen Ihnen, kunterbunt gemischt, auf dieser Seite ein paar einfache aber wirkungsvolle Tricks verraten, die Ihnen die Arbeit erleichtert.

Beim Sägen, egal ob mit der Hand- oder Maschinensäge, erzielen Sie einen sauberen, splitterfreien Schnitt, wenn Sie über die Schnittlinie vorher einen Streifen Tesa-Film geklebt haben.

Kleine Schräubchen, die immer wieder vom Schraubenzieher oder der Fingerkuppe abrutschen, werden durch einen Papierstreifen gestochen und so mit dem Schraubenziehergriff festgehalten und sicher an das Setzloch herangeführt.

Einen ähnlichen Trick kann man beim Einschlagen von **winzigen Nägeln** benutzen. Sie werden durch einen Pappstreifen gesteckt und an die richtige Stelle gehalten.

Wer beim **Bau von Kleinmöbeln** ein wenig mogeln und das gute Stück künstlich „auf alt" trimmen möchte, dem seien zwei erprobte Methoden verraten. Vorgefeuchtetes Eichenholz wird gründlich mit Salmiakgeist eingestrichen. Dadurch färbt sich das Holz in kurzer Zeit rötlich braun und „altert" sichtlich.

Einen ähnlichen Effekt kann man auch bei frischem Tannen- bzw. Fichtenholz erreichen. Hier setzen Sie eine Lösung von 10 Gramm Kaliumbichromat in einem Liter Wasser an. Die Chemikalie gibt es in Fachdrogerien oder im Chemikalienhandel (vgl. gelbe Seiten im Telefonbuch!). Mit dieser Lösung wird das Holz satt eingestrichen. Allerdings nur dann, wenn draußen die Sonne kräftig vom Himmel scheint. Das so behandelte Holz muß nämlich anschließend in die Sonne gestellt werden. Es wird dann braun und „altert" in kurzer Zeit sichtlich um „hundert" Jahre.

Mit **wasserlöslicher Holzbeize** behandelte Holzoberflächen müssen vor der Weiterverarbeitung, also vor dem Mattieren oder Lackieren, noch einmal geschliffen werden. Viele Heimwerker nehmen hierfür sehr feines Sandpapier. Aber auch das ist noch zu grob. Ideal wäre ein Ballen Pferdehaar. Da aber dieses in unserer Zeit kaum erhältlich ist, tut es auch eine scharfe Roßhaarbürste. Damit erzielen Sie den gleichen Effekt.

Fichtenholz ist die vom Heimwerker wohl am meisten verarbeitete Holzart, wenn es um Massivholz geht. Werden Ihnen vom Handel solche **Fichtenholzbretter** mit rötlichen Streifen angeboten, lassen Sie die Finger davon. Es handelt sich hierbei um krankes Holz, das als „rothartes" oder „nagelhartes" Holz bezeichnet wird. Es ist nicht nur schwerer als normales Fichtenholz, reißt leicht, wirft sich leicht und außerdem kann man es kaum nageln, geschweige denn mit Schrauben bearbeiten.

Fast schon eine Selbstverständlichkeit: **Spitze Nägel spalten dünne Holzleisten** wie ein Keil. Ein leichter Schlag mit dem Hammer plattet die Spitze etwas ab. Dadurch „reißt" sich der Nagel durchs Holz, spaltet es jedoch nicht.

Umgang mit Heimwerker – Maschinen

Möglichst schnell möglichst perfekte Ergebnisse erreichen! Dieser verständliche Wunsch wohl aller Heimwerker hat in den letzten zwei Jahrzehnten zu einer geradezu atemberaubenden Entwicklung sogenannter „Heimwerker-Maschinen" geführt.
Bis Mitte der 60er Jahre gab es im Grunde für Heimwerker nur die bekannte **Bohrmaschine,** die durch vielerlei Zusatzgeräte in den folgenden Jahren vielfach variiert werden konnte. Das bedeutete jedoch in jedem Fall ein oft ziemlich kompliziertes Umrüsten, bevor aus einer Bohrmaschine eine Handkreissäge wurde.
Erst mit der Entwicklung sogenannter **Kompaktmaschinen,** das heißt Sägen, Hobel usw., die über eine eigene Antriebsmaschine verfügen, kam der große Durchbruch auf dem Heimwerkermarkt. Dazu kam, daß die Maschinen durch den sich ständig vergrößernden Markt immer billiger, perfekter und sicherer wurden. Heute erfordert der Umgang mit einer Heimwerker-Maschine kaum mehr Geschicklichkeit als der Umgang mit einer »handbetriebenen« Säge oder einem Schraubenzieher. Im Gegenteil, in den meisten Fällen ist die Verletzungsgefahr mit der Maschine sogar wesentlich geringer.
Trotzdem sind ein paar Vorsichtsmaßnahmen angebracht.
Regel Nr. 1: Bevor Sie irgendetwas an Ihrer Maschine verändern, beispielsweise an einer Stichsäge das Sägeblatt auswechseln, immer erst den Stecker aus der Steckdose ziehen. Das mag simpel klingen, aber die Statistik zeigt, daß ein Großteil aller Unfälle auf die Nichtbeachtung dieser einfachsten Vorsichtsmaßnahme zurückzuführen ist.
Regel Nr. 2: Heimwerker-Maschinen sollten genau wie alle anderen Elektrogeräte, grundsätzlich nur vom Fachmann repariert werden. Viele Geräte sind heute mit einer komplizierten Elektronik ausgestattet, die ein unsachgemäßes Eingreifen erfahrungsgemäß sehr übel nimmt.
Regel Nr. 3: Bitte keine Experimente! Benutzen Sie Ihre Maschine nur für die Arbeiten, für die sie konstruiert wurde. Mit einer Handkreissäge können Sie nun einmal keine Kurven sägen. Dazu brauchen Sie eine spezielle Stichsäge, die natürlich auch zum Geradeaussägen geeignet ist. Wenn Sie also nicht die Absicht haben, ständig mit großen Holzplatten zu arbeiten, kommen Sie in den meisten Fällen mit einer Stichsäge aus.
Regel Nr. 4: Lesen Sie vor der Inbetriebnahme sehr genau die Gebrauchsanweisung. Auch bei Nichtbeachtung dieser Regel sind Pannen nicht auszuschließen. Das gilt besonders für Geräte mit elektronisch gesteuerten verschiedenen Geschwindigkeiten.
Regel Nr. 5: Jede Maschine ist immer nur so gut, wie derjenige, der damit umgeht. Wenn Sie mit einer Stichsäge ein Brett entlang einer vorgezeichneten Linie durchsägen wollen, dann wird der Schnitt nur gerade, wenn Sie die Maschine ruhig und zügig geführt haben. Gibt es eine Wellenlinie hat nicht die Maschine versagt, sondern Ihre Hand gezittert.
Darum üben Sie den richtigen Umgang zunächst an ein paar Abfallstücken und nicht gerade an einem hochwertigen Stück Palisanderholz.

1

2

3

So beizt man richtig ab

Obwohl es immer noch Heimwerker gibt, die nach guter alter Väter Sitte einem alten Ölfarbanstrich mit der Lötlampe und dem Spachtel zu Leibe rükken, so wollen wir uns auf modernere Methoden beschränken. Einen alten Anstrich zu entfernen, ist heute absolut kein Problem mehr. Lösende Abbeizmittel wirken selbst bei ältesten Anstrichen und härtesten, auch mehrfach übereinanderliegenden Lackierungen.

Der Abbeizer wird, da er meist flüssig ist, möglichst waagerecht aufgetragen. Das heißt, die alte Tür oder das Möbelstück muß liegend bearbeitet werden. Ist das nicht möglich, müssen Sie einen alkalischen Abbeizer in Pastenform benutzen.

1. Dieser fertige Abbeizer eignet sich vor allem zum Abbeizen alter Lackschichten.

2. Dabei wird die dicke Paste einfach auf die Lackfläche aufgetragen.

3. Nach Gebrauchsanweisung einwirken lassen und dann mit einem Spachtel abschieben.

4. Meist läßt sich die Masse sogar mit der Hand abziehen. **Achtung!** Unbedingt Gummihandschuhe benutzen.

5. Zum Schluß noch einmal mit einer alten Bürste gründlich alle Reste entfernen.

Abbeizer in Pastenform sind jedoch bei Kunstharzlacken nicht verwendbar und färben darüber hinaus Naturholzoberflächen dunkel. Wenn irgend möglich empfehlen sich also lösende Abbeizmittel.

Sie werden am besten direkt aus der Dose mit einer kleinen Wurzelbürste auf die zu behandelnde Fläche aufgetragen. Es versteht sich von selbst, daß Sie dabei Gummihandschuhe tragen sollten.

Erfahrungsgemäß lösen sich alte Ölfarbschichten nicht gleichmäßig, da auch die Farbe verschieden stark aufgetragen wurde. Wenn sich der alte Anstrich zu kräuseln beginnt, das ist in der Regel nach fünf bis zehn Minuten der Fall, rücken Sie ihm mit einem Spachtel oder einer sehr harten Bürste zu Leibe. Widerspenstige Stellen müssen Sie zwei- oder mehrmals behandeln.

Ist das ursprüngliche Holz freigelegt und die alte Farbe auch aus dem letzten Winkel entfernt, kann das gute Stück ohne weitere Sonderbehandlung erneut grundiert, bemalt oder lackiert werden.

Im Umgang mit Abbeizern ist **Vorsicht** angebracht. Achten Sie genau auf die **Gebrauchsanweisung.**

Für alle diejenigen jedoch, die trotz der versprochenen Bequemlichkeit lieber auf chemische Verlockungen verzichten wollen, hier die Technik der alten Handwerksmeister: **das Abbeizen mit der Lötlampe,** genauer gesagt das Abbrennen der alten Farbe.

Man braucht dazu eine Lötlampe, die man mit auswechselbaren Gaskartuschen in Heimwerkerläden kaufen kann. Die kräftige Flamme bringt auch die älteste Farbe zum Schmelzen. Doch Vorsicht! Vor allem dann, wenn Sie diese Technik zum ersten Mal anwenden. Alle brennbaren Stoffe aus der Umgebung entfernen und die Flamme jedesmal abstellen, wenn Sie die Lötlampe aus der Hand stellen.

Beim Abbrennen kommt es auf das Fingerspitzengefühl an. Halten Sie die Flamme zu lange auf eine Stelle, beginnt das Holz zu verkohlen, also schwarz zu werden. Andererseits vermag zu wenig Hitze die Farbe nicht zu lösen.

Gerade bei dieser Methode sollten Sie erst mal an einem alten Farbrest üben. Sobald sich die Farbe zu kräuseln beginnt, wird sie mit einem Spachtel abgezogen. Sie müssen also immer beidhändig arbeiten. Diese Methode eignet sich nicht, wenn Sie Holzteile, die mit Glas in Verbindung stehen, abbeizen wollen. Das Glas könnte springen. Empfehlenswert ist diese Technik nur für wirkliche Könner.

4

5

1

2

3

So wird neu gebeizt und lasiert

Das Gebiet der Holzoberflächenbehandlung ist so umfangreich, daß darüber ganze Bücher geschrieben worden sind. Und das Beizen und Mattieren nimmt darin, wenn es professionell gemacht werden soll, mehrere Kapitel ein. Für unsere Zwecke genügt in den meisten Fällen jedoch eine einfache, fertig käufliche **Wachsbeize,** die auch keiner großen Nachbehandlung bedarf. Einfaches Bürsten genügt, um einen zufriedenstellenden Glanz zu erzeugen.

Diese Wachsbeizen lassen sich ziemlich problemlos verarbeiten.

1. Es gibt sie in den verschiedensten Holzfarben.

2. Die Beize wird mit einem Pinsel auf die Holzoberfläche aufgetragen und zieht dann gleichmäßig ins Holz ein.

3. Anschließend wird die Holzoberfläche mit einer Wurzelbürste bearbeitet und erhält dadurch einen gleichmäßigen Glanz.

Doch soweit sind wir noch nicht, denn vor **dem Beizen** muß die Holzoberfläche gründlich vorbereitet werden. Gerade beim Beizen ist die Vorbehandlung besonders wichtig. Die Behandlung beginnt mit dem **Wässern.** Dabei wird die Oberfläche mit heißem Wasser satt getränkt. Dadurch richten sich die winzigen Holzfasern, die man kaum sieht oder fühlt, senkrecht auf. Nachdem die Oberfläche getrocknet ist, wird sie mit feinem Schleifpapier sauber geschliffen. Das kann sowohl mit einem Schleifklotz wie mit einer Heimwerkermaschine erfolgen. Danach die Fläche mit einem weichen Handbesen oder Staubpinsel abfegen. Wer es besonders gut machen will, kann diesen Vorgang noch einmal wiederholen.

Leider ist der Farbton aller Beizen niemals mit Sicherheit genau vorherzubestimmen. Er richtet sich nach der Beschaffenheit des Holzes, der Feuchtigkeit und einiger anderer Faktoren. Darum ist es in jedem Fall empfehlenswert, vorher eine Probebeizung vorzunehmen. Dabei sollte man jedoch nicht einfach ein kleines Stück Abfallholz, sondern ein größeres Reststück nehmen, da auf kleinen Flächen die Farbwirkung sehr unterschiedlich sein kann.
Um unterschiedliche Farbtöne absichtlich zu erzielen, kann man die fertig angemischte Beize mit Wasser oder Spiritus – Gebrauchsanweisung genau beachten! – auch verdünnen. Hierzu gehört jedoch schon eine gewisse Erfahrung. Wenn Sie jedoch das ganze Möbelstück einheitlich beizen wollen, setzen Sie lieber etwas mehr Beize an, bzw. kaufen Sie ein größeres Gebinde. Ein im Farbton genau passendes **Nachmischen** gelingt nämlich nur in den seltensten Fällen. Nach dem Trocknen wird die **Wachsbeize** mit einer Bürste in Faserrichtung gebürstet und erstrahlt dann in einem matten Glanz.
Wasserbeizen werden nach dem Auftragen mit einem Klarlack überzogen oder mattiert. Die sogenannte **Ballenmattierung** ist eine besondere Technik, für die Sie viel Geduld aufbringen müssen. Mit einem handlichen Stoffballen aus Trikotstoff wird die Mattierung aufgetragen. Dabei kommt es darauf an, möglichst viele hauchdünne Schichten übereinanderzustreichen. Die einzelnen Schichten müssen immer wieder zwischengeschliffen werden. Solche Schellackpolituren auf alten Möbelstücken bestehen oft aus über 50 Schichten.

4. Bleibt zum Schluß noch das **Lasieren.** Bei einer Lasur handelt es sich um eine lackartige Flüssigkeit, die nicht nur auf Holz, sondern auch auf Wandflächen aufgebracht werden kann.

5. Als deckende Lasur wird sie wie Wachsbeize verarbeitet.

6. Da Lasuren sehr widerstandsfähig sind, kann man sie auch für hölzerne Fußbodenbeläge benutzen.

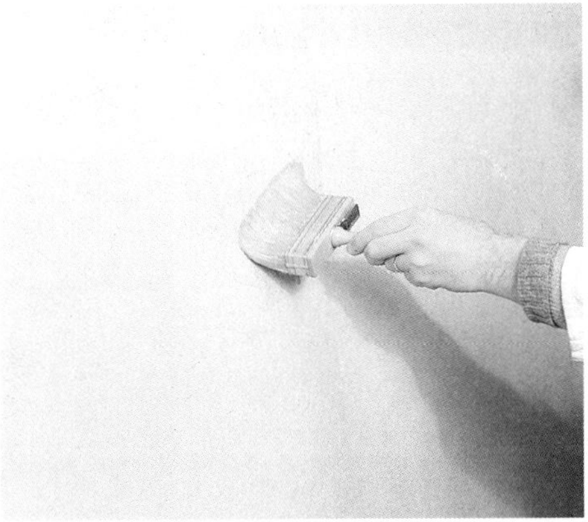

4

5

6

1

2

3

So wird lackiert

Neben dem Tapezieren ist das Lackieren des Heimwerkers liebstes Kind. Leider aber werden hierbei auch die meisten Fehler gemacht. In erster Linie, weil sich der Laie zu wenig Zeit dabei läßt, denn das eigentliche Lackieren ist ja nur das Ende einer ganzen Reihe von Vorarbeiten. Wer einfach nur den Pinsel in den Farbtopf taucht und damit ein rohes Holzbrett streicht, hat bestenfalls ein buntes Brett, aber kein sauber lackiertes Brett.

Schleifen: Zunächst wird das Werkstück aus dem rohen Holz erst einmal gründlich mit feinem Sandpapier (um einen Kork-Schleifklotz gelegt) glatt geschliffen. Dabei können zugleich die scharfen Kanten und Ecken leicht gebrochen, d. h. abgerundet werden, weil hier die Farbe am schnellsten bricht. Anschließend gründlich abbürsten, denn jedes Staubkorn ist später im Lack zu sehen.

Isolieren: Harzgallen und harzige Aststellen müssen entfernt und durch Holzkitt ersetzt werden. Am besten verwendet man natürlich astfreies Holz, aber das ist meist etwas teurer.

Grundieren: Zum Grundieren wird heute fast ausschließlich eine fertig angemischte Grundierfarbe verwandt. Sie kann wie jede andere Farbe gleichmäßig auf die Holzfläche aufgetragen werden. Stirnholzflächen erhalten immer eine doppelte Grundierung.

Achtung! Die Grundierung erfolgt als dritter Arbeitsgang nur dann, wenn es sich um ein optisch einwandfreies, glattes Brett handelt. Bei der Wiederverwendung alter Bretter, müssen vorher alle Schadstellen, Nagellöcher, abgesplitterte Kanten usw. sorgsam ausgefugt werden. Am einfachsten geht das mit Füllstoff, der einfach mit Wasser angemischt wird. Anschließend noch einmal die ganze Fläche schleifen und besonders sorgfältig vom Schleifstaub befreien.

Erster Anstrich: Der erste Anstrich erfolgt möglichst dünn. Dabei wird die Farbe verschlichtet, d. h. zunächst quer zur Faserrichtung des Holzes und dann in Längsrichtung gestrichen. Man nennt diesen Anstrich **Untermalung.**

Erst wenn die Farbe absolut trocken ist, wird sie mit feinem Sandpapier erneut geschliffen und wieder gründlich abgestaubt.

Deckanstrich: Jetzt folgt der zweite und letzte, der sogenannte Deckanstrich. Hier wird die Farbe satter aufgetragen, aber genau so verschlichtet. Lackspezialisten geben sich natürlich mit einem zweiten Anstrich nicht zufrieden, sondern legen noch mehrere Lackschichten übereinander. Bei unseren Arbeiten reichen zwei Anstriche jedoch völlig aus.

1. – 2. So geht's leichter: Erst nachdem die Holzoberfläche gründlich vorbehandelt ist und die einzelnen Farbsegmente abgeklebt wurden, beginnt das Lackieren.

3. – 4. Größere Flächen werden mit der Rolle lackiert oder aber mit einem kleinen Spezialgerät, mit dem man auch den letzten Winkel erreicht. Die Schaumstoffauflage ist auswechselbar (In Fachgeschäften erhältlich).

5. Saubere Kanten erreicht man mit einem kleinen Zusatzgerät am Pinsel, das ein unbeabsichtigtes Überstreichen verhindert.

6. Beim Arbeiten mit der Lackspraydose immer darauf achten, daß die Umgebung gut abgedeckt ist. Der Lacknebel läßt sich nur sehr schwer wieder entfernen.

Wichtig: Wenn möglich sollten Sie das Werkstück liegend lackieren. Die Gefahr eventueller Tropfnasen wird dadurch geringer. Außerdem muß vor jedem Lackiergang der vorherige Lackauftrag gründlich (mehrere Stunden) durchgetrocknet sein, damit die Oberfläche wirklich glatt wird.

4

5

6

Grundtechniken

Obwohl alle Techniken der Holzbearbeitung im Grunde genommen verhältnismäßig einfach sind, müssen doch einige Grundkenntnisse vorhanden sein, wenn die Arbeit gelingen soll. Vielleicht halten Sie diese Behauptung für eine Binsenweisheit. Ein Brett durchsägen? Kein Problem, das macht meine Stichsäge mit links. Natürlich! Aber manchmal muß man eben doch auf den guten alten Fuchsschwanz zurückgreifen und auch eine Stichsäge hat ihre Tücken.

Den ersten Fehler, den viele Anfänger machen, ist das **falsche Vermessen.** Ein ein Meter langes Brett soll in fünf gleiche Teile zersägt werden. Also wird alle 20 Zentimeter mit dem Bleistift eine Linie gezogen und dann die Säge angesetzt. Wie lautet das Ergebnis? Vier Teile sind genau 20 Zentimeter breit, das fünfte Teilstück jedoch nur 19,2 Zentimeter, wenn Sie rechts neben der Linie gesägt haben. Günstigstenfalls, wenn Sie genau auf der Linie gesägt haben, sind alle Teile einen Millimeter zu kurz. Sie haben vergessen die Schnittbreite des Sägeblatts zu berücksichtigen.

Ein Fehler passiert immer wieder. Kurz bevor Sie ein Brett durchgesägt haben, bricht Ihnen das letzte Stück weg und splittert. Ein kurzer Einschnitt zuvor, von der Gegenseite aus durchgeführt, kann das **Wegsplittern verhindern.**

Manchmal, vor allem bei zu frischem Holz, kann es zu Spannungen im Material kommen. Dann frißt sich die Säge fest. Feine Holzkeile, zum Beispiel angespitzte Streichhölzer, drücken das bereits durchgesägte Holz auseinander und geben der Säge den Weg wieder frei.

Genauso „einfach" wie das Sägen ist auch **das Bohren** – wenn man es kann! Wir sprechen hier natürlich vom Bohren mit einer elektrischen Bohrmaschine. Auch hier gilt es einige Regeln zu beachten. Die Wichtigste: Niemals ein Werkstück nur mit der Hand festhalten! Es muß immer fest in einer Werkbank eingespannt sein, zumindest jedoch mit ein oder zwei Schraubzwingen am Arbeitsplatz befestigt werden.

Müssen Sie nicht nur hin und wieder mal ein Loch bohren, sondern beispielsweise bei einem Möbelstück viele Dübellöcher bohren, ist ein **Bohrständer** empfehlenswert. Er garantiert ein genaues senkrechtes Bohren und verhindert ein Verkanten des Bohrers und sorgt für paßgenaue Dübellöcher. Versuchen Sie niemals beim Bohren die Bohrrichtung durch Drücken oder Schieben zu verändern. Der Bohrer ist sehr spröde und bricht garantiert ab. Verkantet er trotz aller Vorsicht doch einmal: Maschine abstellen, leicht anziehen und wieder anstellen. Der Bohrer löst sich dann meist ganz leicht aus dem Holz.

Obwohl man heute die meisten Massivhölzer im Baumarkt fertig gehobelt bekommt, hin und wieder muß man doch einmal zum Hobeleisen greifen. Vor allem beim Bearbeiten der schmalen Hirnholzflächen. Am besten spannt man das Brett mit einem **Beilagestück** in die Werkbank und beginnt dann vorsichtig, aber zügig mit der Bearbeitung. Das Beilagestück verhindert dabei ein Absplittern der Kanten und bietet dem Hobel eine größere Auflagefläche.

Scharnier einpassen

Eine Arbeit, die gerade beim Kleinmöbelbau immer wieder erforderlich wird, ist das Einpassen eines Scharniers. Allgemein üblich sind sichtbare und unsichtbare Scharnierbänder und sogenannte Topfscharniere, die jedoch für unsere Arbeiten kaum in Frage kommen. Sie sind in erster Linie für größere Möbelstücke, beispielsweise für Küchenschränke u. ä. bestimmt und ziemlich teuer.

Das bekannteste Scharnier für Kleinmöbel ist das sogenannte **Klavierband,** das man meterweise kaufen kann und das mit einer Metallsäge auf die passende Größe zugeschnitten wird. Anders als bei einzelnen Türscharnieren besteht es aus einem Stück, wobei die einzelnen Flügel mit kleinen Schrauben fest mit den Kanten der Tür und des Korpus verbunden werden. Eine so befestigte Tür kann man später nicht mehr aushängen. Will man, aus welchen Gründen auch immer, später die Tür abnehmen, muß man immer das Klavierband in ganzer Länge entweder an der Tür oder am Korpus lösen.

1. Viele Heimwerker bevorzugen daher bei Kleinmöbelstücken ein **Einzelscharnier**. Es läßt sich ebensogut für Massivholz wie für Tischlerplatten oder furnierte Spanplatten verwenden.

2. Zunächst wird die Länge, Breite und Stärke des Scharniers auf dem Werkstück genau markiert und gegebenenfalls das Furnier (bei furnierten Spanplatten) mit einem sehr scharfen Messer eingeritzt. Am besten eignet sich hierfür ein Cuttermesser, das man auch bei vielen anderen Arbeiten gebrauchen kann.

3. Bei Massivholz wird jetzt mit einem scharfen

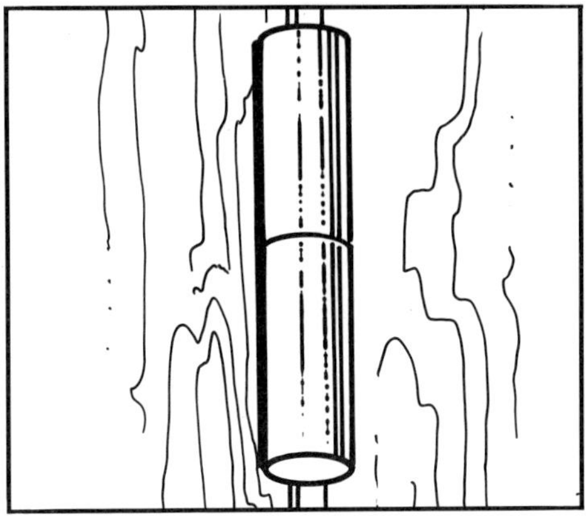

1

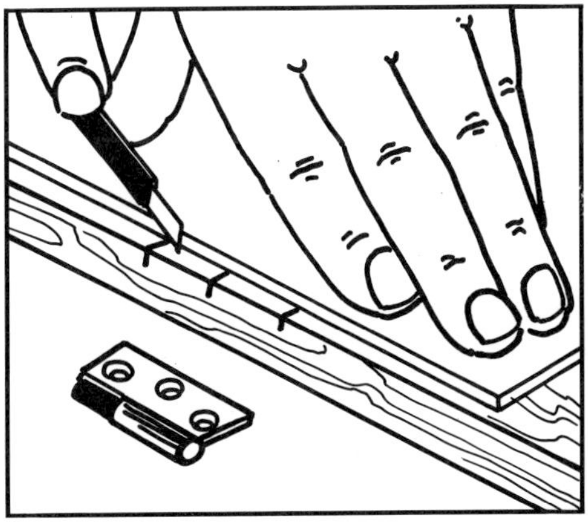

2

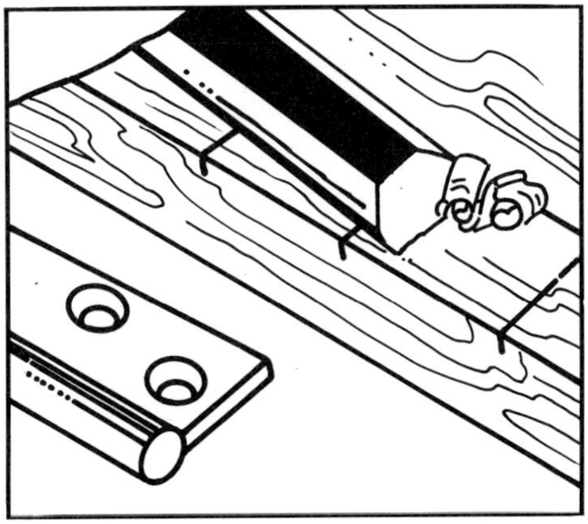

3

4

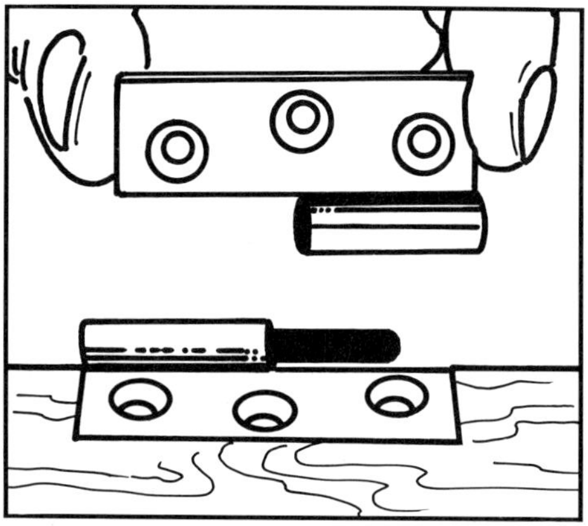

5

6

Stecheisen (Stechbeitel) Span für Span abgetragen, bis das Scharnierband bündig mit dem angrenzenden Holz abschließt.

4. Handelt es sich um eine furnierte Spanlatte oder eine Tischlerplatte, so genügt in vielen Fällen bereits ein Anheben des Furniers an den gekennzeichneten Stellen, um die Stärke des Scharnierbandes zu erreichen. Wenn nicht, sollte man hier auf die weitere Verwendung eines Stecheisens verzichten, da die Spanmasse zu leicht splittert. Nehmen Sie stattdessen zunächst eine grobe und dann eine feine Feile, um das Holz der Stärke des Furniers anzugleichen.

5. Setzen Sie jetzt den zweiten Flügel des Scharniers auf den probeweisen eingepaßten ersten Flügel und nehmen Sie erst jetzt die Markierung auf dem zweiten Teil vor. So vermeiden Sie spätere Paßungenauigkeiten, denn nichts sieht so unkorrekt aus wie eine Tür, die nicht millimetergenau zum Korpus paßt und eine nachträgliche Korrektur, bei der es um Millimeter geht, ist später nur unter großen Mühen möglich, oder sogar unmöglich.

6. Verfahren Sie mit der zweiten Scharnierhälfte in gleicher Weise.

Zum Festschrauben der beiden Scharnierflügel nehmen Sie selbstverständlich Senkkopfschrauben, die bündig mit der Oberfläche des Scharniers und des umgebenden Holzes abschließen.

Zum Schluß noch ein paar grundsätzliche Bemerkungen zu diesem Thema. Für den Laien heißt jedes bewegliche Teil, das eine Tür, egal, ob groß oder klein, mit einem entsprechenden Rahmen verbindet, Scharnier. Dabei ist es in vielen Fällen ein sogenanntes Band. Der Unterschied zum Scharnier liegt darin, daß Bänder feststehend sind, Scharniere dagegen ausgehängt werden können.

Glücklicherweise haben die Hersteller von Scharnieren und Bändern für fast alle Möglichkeiten vorgesorgt und dem Eisenwarenhändler ist es völlig egal, ob Sie ein Band nun Scharnier oder ein Scharnier Band nennen.

Paßgenau dübeln

Die sicherste und zuverläßigste Art zwei Holzteile miteinander zu verbinden, ist neben dem Verzinken immer noch eine Holzdübelverbindung. Trotzdem scheuen viele Heimwerker davor zurück, weil sie fürchten, die Dübel nicht paßgenau zu setzen. Dabei kann es, bei sorgfältiger Arbeit, eigentlich keine Probleme geben. Ein kleines Hilfsmittel erleichtert Ihnen die Arbeit.

Nehmen wir an, Sie wollen ein mittleres Stützbrett in ein längeres Regal einsetzen, weil die Regalbretter bei größerer Belastung, beispielsweise durch Bücher, in der Mitte durchhängen. Dann gehen Sie folgendermaßen vor.

1. Zunächst wird die Kantenbreite des Stützbrettes an der Stelle markiert, wo es auf dem Regalbrett sitzen soll. Genau in der Mitte der beiden parallelen Linien machen Sie eine Kreuzmarkierung. Dasselbe wiederholen Sie an zwei oder drei Stellen je nach der Breite des Stützbrettes.

2. Jetzt schlagen Sie genau an der markierten Stelle einen dünnen Nagel soweit in das Holz, daß er gut festsitzt. Dann kneifen Sie das obere Ende mit der Kneifzange ab, so daß noch etwa zwei bis drei Millimeter vom Nagelschaft übrigbleiben. Halten Sie jetzt das Stützbrett genau senkrecht zwischen den Markierungslinien auf die abgekniffenen Nagelenden und schlagen Sie es leicht fest.

3. Wenn Sie es sorgfältig gemacht haben, werden sich die Nagelschäfte an der genau richtigen Stelle, nämlich exakt in der Mitte, in die Kante des Stützbrettes eindrücken und so den Punkt markieren, den Sie im nächsten Arbeitsgang für den Holzdübel vorbohren müssen.

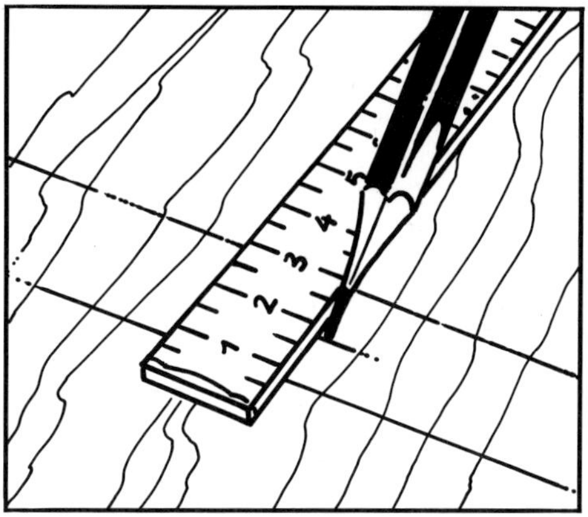

1

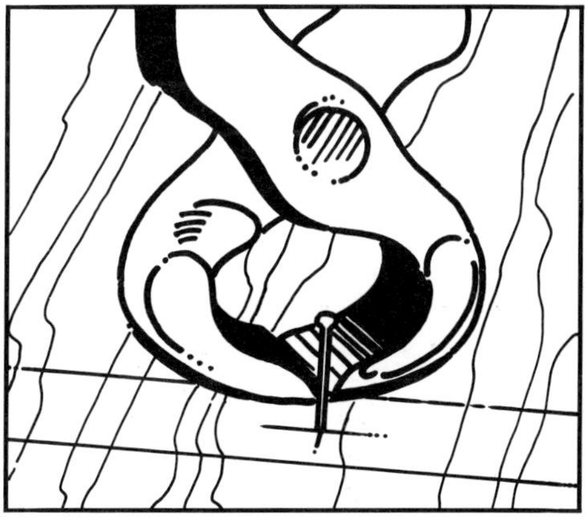

2

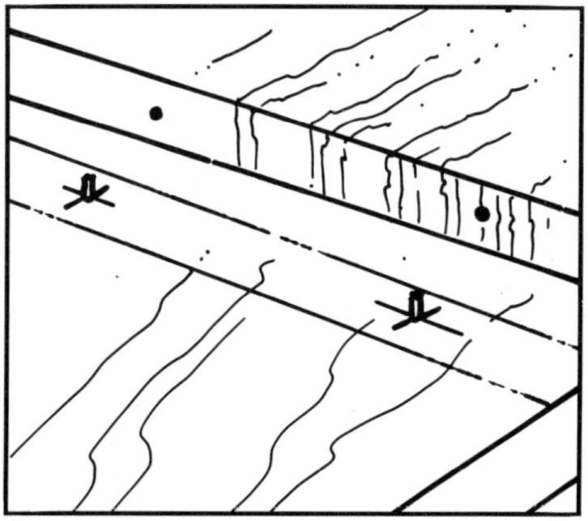

3

4

5

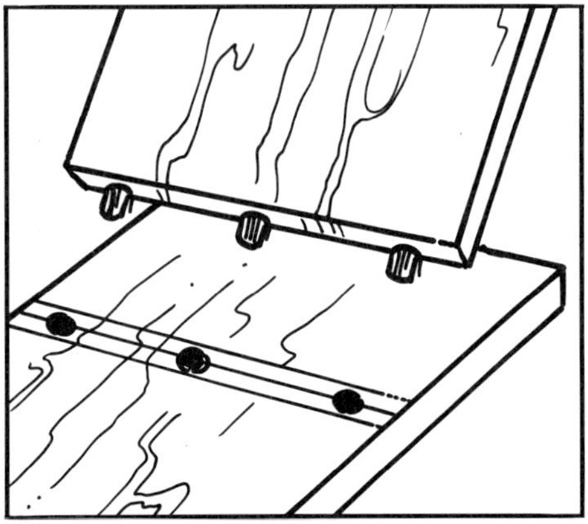

6

Jetzt ziehen Sie das Stützbrett wieder ab und entfernen mit einer Kneifzange die kurzen Nagelenden. Die Dübellöcher werden mit einer Heimwerkermaschine gebohrt. Je nach der Kantenbreite des Stützbretts (beim Regal 12 oder 16 Millimeter) benutzen Sie dazu einen 6 oder 8 Millimeter starken Bohrstahl. In der gleichen Stärke gibt es die entsprechenden Holzdübel. **Wichtig!** Das Brett vor dem Bohren immer fest einspannen. Es ist sonst unmöglich, ein genaues Loch zu bohren, da die schwere Bohrmaschine bei einer so diffizilen Arbeit, bei der es auf den Millimeter ankommt, nicht mit einer Hand geführt werden kann. Und die andere brauchen Sie ja zum Festhalten des Brettes. Der Bohrer muß genau auf dem Punkt der Markierung angesetzt werden.

4. Maschinell hergestellte Holzdübel sind in der Regel 3 bis 5 Zentimeter lang. Das Regalbrett aber nur 12 oder 16 Millimeter stark. Also müssen verschieden tiefe Löcher gebohrt werden. Im waagerecht liegenden Regalbrett höchstens 8 bis 9 Millimeter, im senkrecht aufsitzenden Stützbrett 25 bzw. 45 Millimeter. Die Differenz ist für den Weißleim bestimmt, mit dem der Dübel festgeleimt wird.

5. – 6. Jetzt werden die Dübel mit leichten Hammerschlägen in das Bohrloch getrieben, die Löcher auf der Gegenseite ebenfalls mit einem Tropfen Leim versehen und das Stützbrett aufgesetzt.

Wie fast immer hat auch das paßgenaue Dübeln der Industrie keine Ruhe gelassen und so haben kluge Erfinder solange herumexperimentiert, bis die sogenannte „Dübellehre" erfunden war.

Die Dübellehre soll dem Heimwerker helfen, Ungenauigkeiten, die trotz aller Sorgfalt beim Anreißen und Bohren der Dübellöcher auftreten können, zu vermeiden. Alle Dübellehren, die im Handel angeboten werden, basieren auf dem Prinzip der Schablone. Ein bestimmter Punkt wird fixiert, die Dübellehre eingestellt und danach millimetergenau alle anderen Bohrlöcher vorgegeben. Bei richtiger Handhabung sind Fehler nahezu unmöglich.

Haltbare Holzverbindungen durch Zinken

Das Verzinken einzelner Holzteile ist eine kleine Wissenschaft für sich und immer dann angebracht, wenn eine solche Holzverbindung besonders schön aussehen soll, beispielsweise bei Massivholzteilen, oder besonders dauerhaft und belastbar sein muß. Das Verzinken erfordert schon ein wenig Erfahrung und ist daher für den Anfänger meistens mit einigen Problemen verbunden.

Auch hier wollen wir die Technik wieder an Hand eines langen Regalbretts und eines Stützbretts darstellen. Diesmal handelt es sich jedoch um das Endbrett, an dem die Holzverbindung sichtbar ist.

1. Mit einer Schmiege (einem Winkelmaß, bei dem die Winkel unterschiedlich eingestellt werden können) nehmen wir zunächst wieder die Markierungen vor. Die Zinken müssen dabei genauso stark sein wie das Brett.

2. Mit einer feinen Holzsäge werden dann zunächst die senkrechten Einschnitte vorgenommen. Gerade beim Zinken kommt es auf absolute Genauigkeit an, darum müssen Sie hier sehr vorsichtig vorgehen.

Und nun kommt der schwerste Teil der Arbeit: das Abstoßen des Holzes dort, wo später die Zinken des Gegenstücks ihren Platz finden. Das heißt, wenn, wie auf Abbildung 3 dargestellt, bei dem einen Teil der Endzinken stehenbleibt, muß das Holz (der sog. Finger) beim Gegenstück entfernt werden. So greifen später die einzelnen Zinken paßgenau ineinander. Vorausgesetzt Sie haben wirklich sorgsam gearbeitet. Denn hier ist es später nicht damit getan, die Zinken mit einem kräftigen Hammerschlag nach dem Motto „Paßt!" zusam-

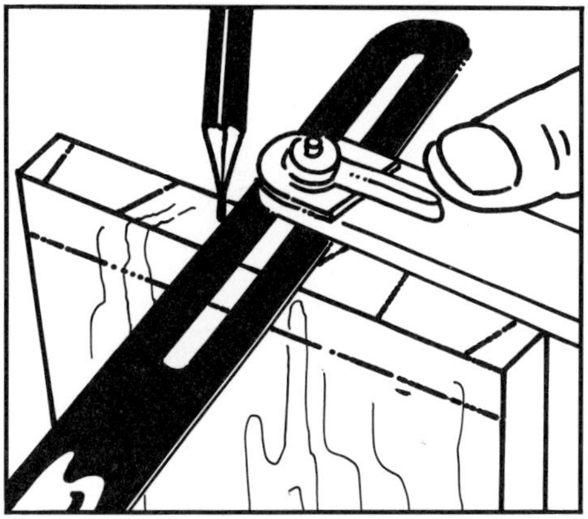

1

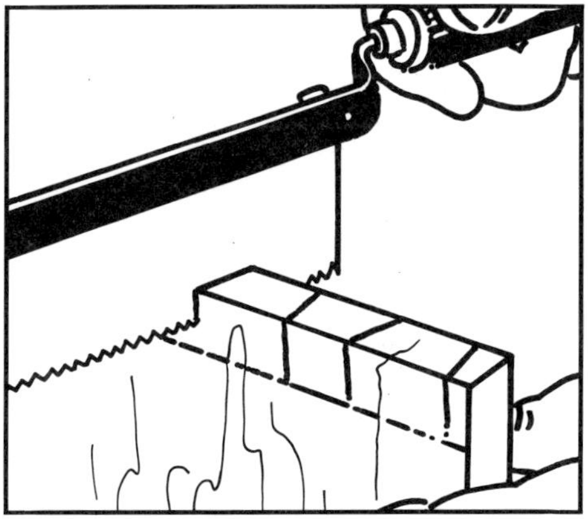

2

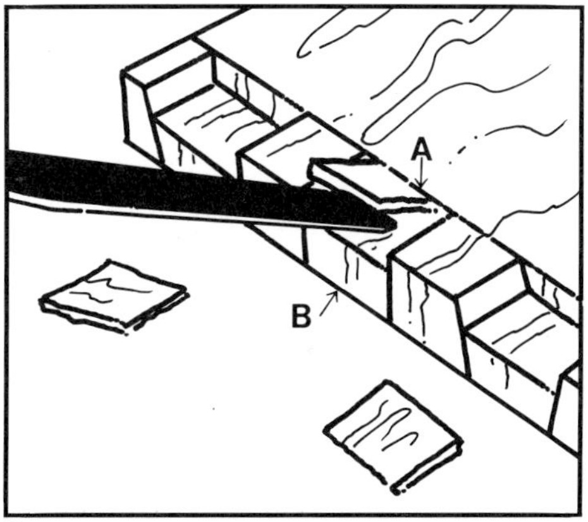

3

4

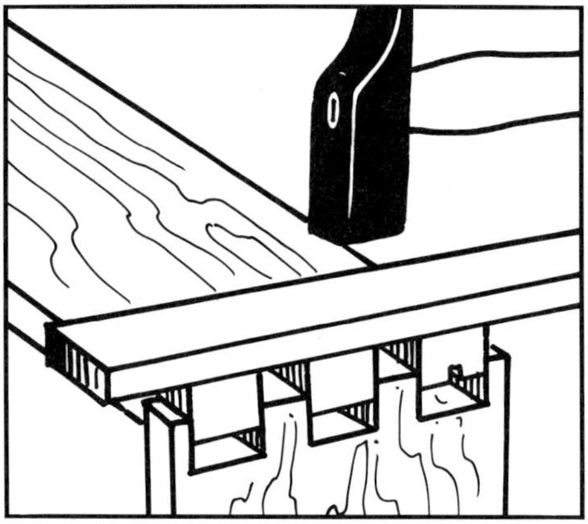

5

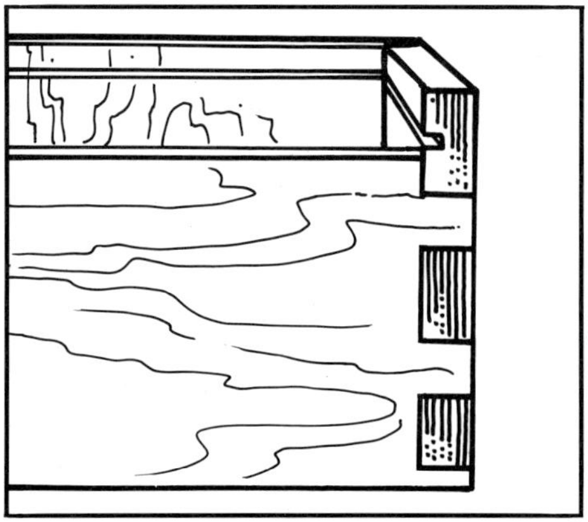

6

menzufügen. Das Holz würde eine solche Behandlung übelnehmen und die Zinken kurzerhand abbrechen. Aber soweit sind wir noch nicht.

3. Zunächst gilt es das überflüssige Holz mit einem Stechbeitel zu entfernen. Das ist gar nicht so schwer, wie es aussieht, man muß nur vorsichtig arbeiten. Das Brett wird wie immer fest in die Werkbank eingespannt oder mit einer Schraubzwinge festgehalten. Dann erfolgt entlang der Markierung A der erste Schlag mit dem Stechbeitel. Er sollte etwa einen Millimeter tief ins Holz reichen. Dann wird von vorne (B) ein entsprechend starker Span mit dem Beitel abgehoben. Nun wieder von oben (A) ein Schlag, wieder ein Millimeter tief, und der zweite von der Seite (B). Und so fortlaufend, bis Sie das überflüssige Stück Holz aus dem Brett entfernt haben.

Nachdem alle überflüssigen Zinken entfernt wurden, werden die Seiten vorsichtig mit Sandpapier geglättet. Sie müssen vollkommen glatt sein, damit der Gegenzinken leicht hineinpaßt.

4. Jetzt wird das Brett auf den Kopf gestellt und die entsprechenden Markierungen auf dem Gegenstück angebracht. Anschließend wiederholt sich der ganze Vorgang.

Die Zinken sollten, wenn sie sauber gearbeitet sind, stramm ineinanderpassen und brauchen nur noch dünn miteinander verleimt zu werden. Haben sie etwas zuviel Luft, so geben Sie noch mehr Leim hinzu.

Zum Schluß werden die Bretter zusammengefügt.

5. – 6. Wichtig: Nie mit dem Hammer direkt auf die Zinken schlagen, sondern über die ganze Breite ein Brett legen.

Wie schon an anderer Stelle erwähnt, wurden von der Industrie auch für das Zinken diverse Hilfsmittel geschaffen. Das Angebot reicht von der Wanknuteinrichtung als Zusatzgerät zur Heimwerkermaschine bis zu einer einfachen Zinkhilfe, die nach dem Schablonenverfahren arbeitet. In Heimwerkergeschäften wird man Sie gerne ausführlich beraten.

Versenkte Schubladengriffe

Möbel erhalten oft erst durch die richtigen Accessoires ihre letzte Vollendung. Dazu gehören unter anderem moderne oder antike Griffe für Schubladen oder Schranktüren.

Antike Griffe werden meist einfach nur mit ein paar Zierschrauben auf das Möbelstück aufgeschraubt. **Moderne Griffe** dagegen lassen sich z. B. in das Holz versenken, so daß sie mit der Umgebung eine bündige Oberfläche bilden.

1. Zunächst brauchen wir eine Schablone, die entsprechend dem ovalen Teil, das später im Holz versenkt werden soll, aus Pappe zurechtgeschnitten wird. Anhand dieser Schablone zeichnen wir die Markierung mit einem weichen Bleistift an der Stelle auf das Holz, wo später der Griff sitzen soll.

2. Je nach Größe des Griffs brauchen wir jetzt einen Lochbohrer oder einen Kreisschneider, dessen Durchmesser ziemlich genau dem Umfang der Rundung unserer Schablone entspricht. Sowohl der Lochbohrer wie auch der Kreisschneider werden mit der Heimwerkermaschine zusammen benutzt.

Mit dem Lochbohrer (oder Kreisschneider) werden jetzt vier nebeneinander liegende Kreise in das Holz geschnitten. Diese Kreise können sich ruhig überlappen, wichtig ist nur, daß Anfang und Ende genau mit den Rundungen der Schablonenmarkierung übereinstimmen.

3. Diese Holzkreise werden dann mit dem Stechbeitel entfernt, wobei man zweckmäßigerweise entlang der Längslinien anfängt zu arbeiten.

4. – 5. Ist das Holz restlos entfernt, wird die so geschaffene Höhlung noch einmal mit der Scha-

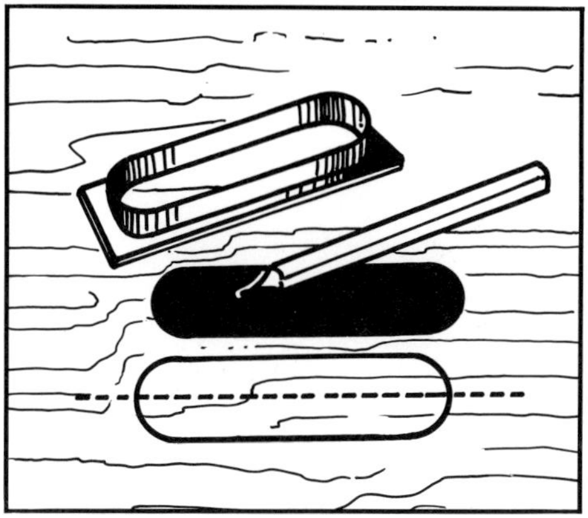

1

2

3

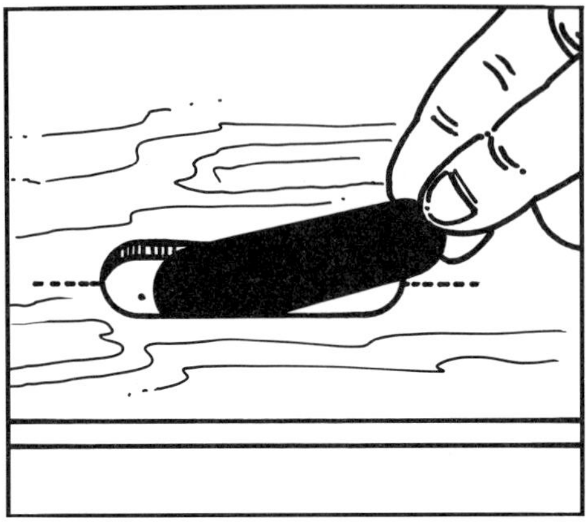

4

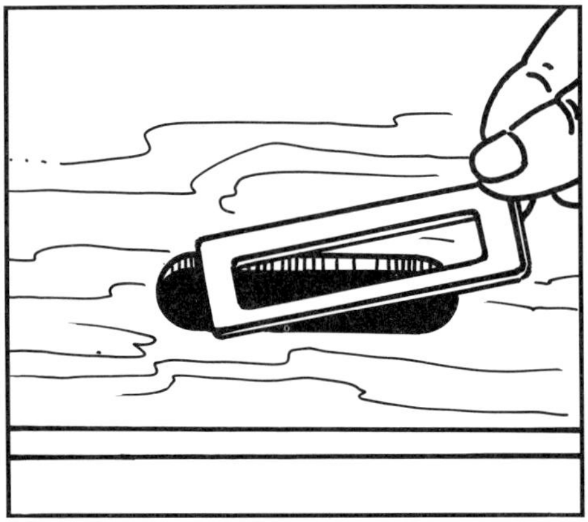

5

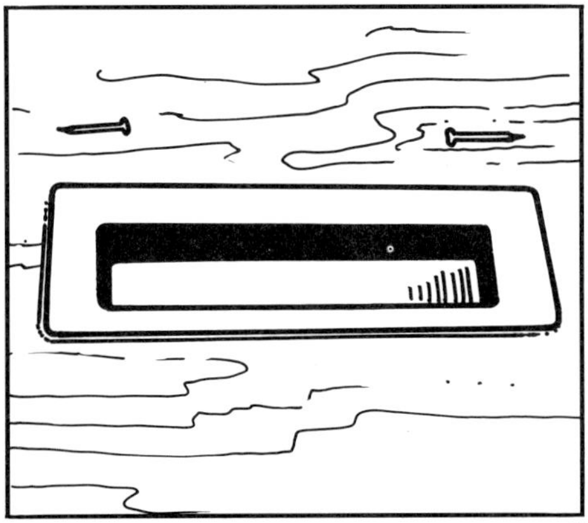

6

blone verglichen, der Untergrund sauber abgeschliffen und dann der Griff paßgenau in die Höhlung eingeleimt.

6. Außer der Grundfläche braucht die Höhlung nicht besonders nachbearbeitet zu werden. Die Seiten werden ohnehin von der ovalen Wandung und die oberen Kanten durch den auf dem Holz aufliegenden Schild verdeckt. Die sichtbare Grundfläche muß entweder sauber geschliffen und dann entsprechend der Holzoberfläche behandelt werden (lackieren, beizen o. ä.) oder aber man schneidet entsprechend der Schablone ein Blatt Furnierholz zurecht und klebt es auf die Grundfläche. Hier muß jeder nach seinem eigenen Geschmack entscheiden.

Weitere Möbelbeschläge zum Aufschrauben, Einlassen und Anschrauben gibt es wie Sand am Meer. Mit Sicherheit gibt es auch für Sie genau den Beschlag, den Sie brauchen, Sie müssen ihn nur finden.

Die einfachsten sind wohl die, die auf der Rückseite ein Schraubengewinde haben, das Sie nur ins Holz drehen müssen und bei Gelegenheit, beispielsweise, wenn Sie das Möbelstück neu lackieren wollen, wieder ebenso einfach herausdrehen können.

Bekannter und am weitesten verbreitet, sind Griffe mit einem Schraubgewinde, das sich nicht von selbst ins Holz schneidet, sondern durch ein feines Bohrloch geführt und auf der Holzinnenseite mit einer Kontermutter gesichert wird.

Und dann gibt es noch solche, die, ähnlich wie oben beschrieben, ins Holz eingelassen werden. Sie haben in der Mitte eine Vertiefung, in die der eigentliche Griff bündig mit der Umgebung versenkt ist. Diese sind schon etwas schwieriger zu verarbeiten. Hier müssen Sie mit einem Fräskopf, den Sie in der passenden Größe in das Bohrfutter Ihrer Heimwerkermaschine spannen, eine Vertiefung in das Holz fräsen, in die die Griffmulde genau eingepaßt wird.

Ordentliche Kanten

Im Gegensatz zu Massivholzbrettern haben Tischlerplatten oder Spanplatten unbehandelte Schnittkanten. Um diese Kanten der Holzoberfläche anzupassen, müssen sie mit sogenannten **Umleimern** versehen werden. Das sind schmale Streifen aus imitiertem oder echtem Furnierholz, die auf der Rückseite mit einem Spezialkleber versehen sind. Dieser Kleber wird durch starke Wärme flüssig und verbindet sich dann mit der Schnittkante. Umleimer gibt es in allen gängigen Plattenstärken vom laufenden Meter.

Umleimer müssen stets bei Zimmertemperatur verarbeitet werden, damit sie geschmeidig bleiben. Sie werden einfach auf die Kante gelegt und mit einem heißen Bügeleisen, daß den Kleber schmelzen läßt, aufgebügelt.

1. Um die Oberfläche des Streifens nicht zu beschädigen, legen Sie eine Zeitung unter das Eisen.

2. Mit der flachen Seite eines Hammers wird dann der Umleimer kräftig angerieben. Wo der Kleber nicht richtig gefaßt hat, muß noch einmal nachgebügelt werden. Die Umleimer sind meist einen Millimeter breiter als die Kante.

3. Dieser Millimeter wird, wenn der Umleimer richtig festsitzt, mit einem scharfen Stechbeitel abgestoßen. Zum Schluß werden die abgestoßenen Kanten mit einem Schleifklotz und feinem Sandpapier geglättet.

Dort, wo man mit dem Bügeleisen nicht richtig hinkommt und somit also auch nicht die richtige Wärme erzeugen kann, damit der Umleimer dauerhaft festsitzt, kann man kleinere Abschnitte natürlich auch mit einem Kontaktkleber ankleben.

1

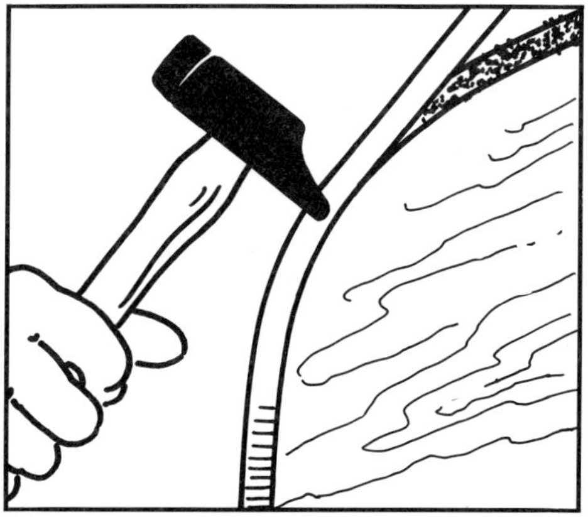

2

3

Zusammengesetzte Profile

In bestimmten Fällen wollen Sie die Plattenkanten eventuell mit Zierkanten versehen. Dafür können Sie sich im Baumarkt fertige Leisten kaufen, die sich vielfach variieren lassen. Einige Beispiele sehen Sie auf unserer Zeichnung. Die Grundleiste A sollte möglichst mit der Plattenstärke übereinstimmen.

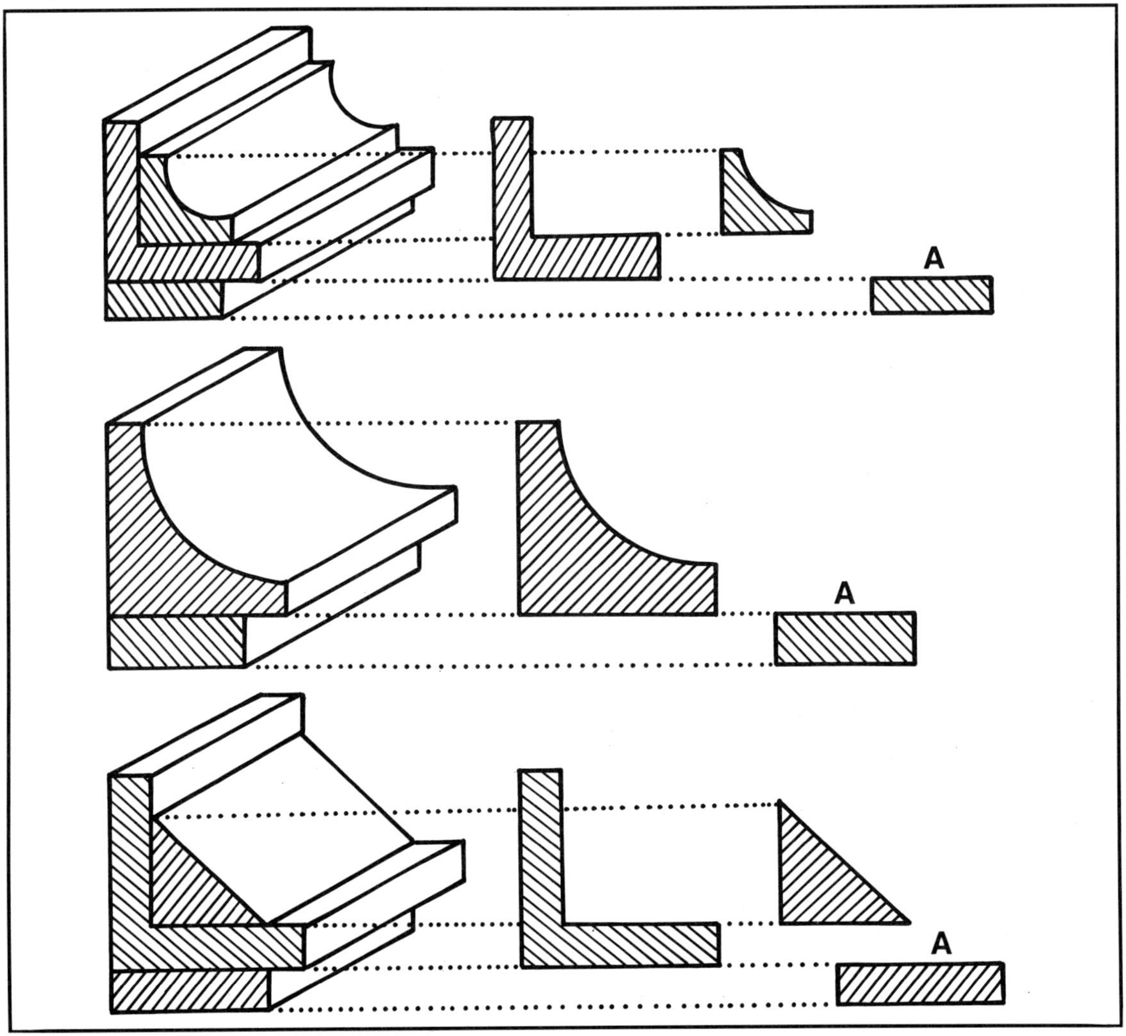

Zusammengesetzte Profile

Halbrunde Kanten verarbeiten

So fertigen Sie halbrunde Kanten selbst an: Besonders elegant wirken, beispielsweise bei Regalbrettern halbrunde Abschlußleisten, die es jedoch nicht in allen Plattenstärken fertig zu kaufen gibt. Sie müssen sie also gegebenenfalls selbst herstellen. In diesem Fall besorgen Sie sich eine rechteckige Leiste, deren Breite genau der Kantenbreite entspricht. Anders als beim Umleimer ist eine spätere Korrektur nicht mehr möglich.
Diese Leiste leimen Sie mit weißem Holzleim auf die Plattenkante. Da sie später weiterverarbeitet wird, muß sie absolut festsitzen.
1. Brett und Leiste werden mit zwei Schraubzwingen zusammengeklammert und vor der Weiterverarbeitung 24 Stunden beiseitegelegt.
2. – 3. Mit einem Hobel wird nun die grobe halbrunde Form herausgearbeitet und anschließend zunächst mit grobem und dann mit feinem Schleifpapier in die endgültige Form gebracht.
Eine andere Möglichkeit ist es, die rechteckigen Leisten nicht abzurunden, sondern nur zu „brechen", das heißt die Kanten zu entschärfen. Das kann auf ganz einfache Weise geschehen. Die Leiste wird zunächst wie beschrieben in der passenden Breite auf der Schnittkante festgeleimt. Dann nehmen Sie eine nicht zu grobe Holzraspel und führen sie immer nur von oben nach unten über die Kante bis eine annähernd einheitliche Abrundung erreicht ist. Mit Schleifklotz und feinem Schleifpapier wird jetzt die Brechung noch einmal nachbearbeitet. Verständlicherweise macht diese Verarbeitung etwas Mühe, für die jedoch das sauber verarbeitete Werkstück sicherlich entschädigt.

1

2

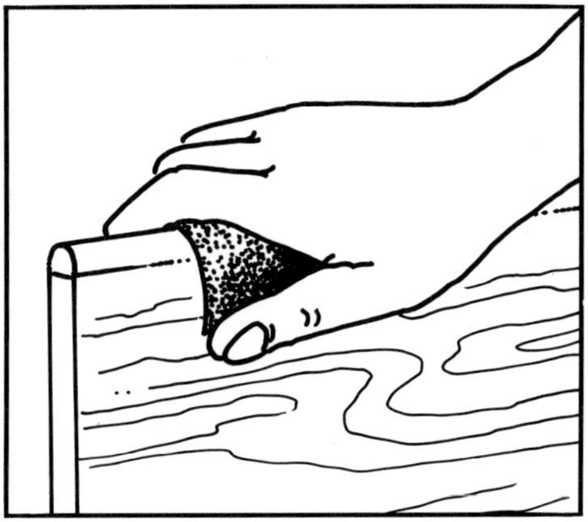
3

Rauhe Kanten verspachteln

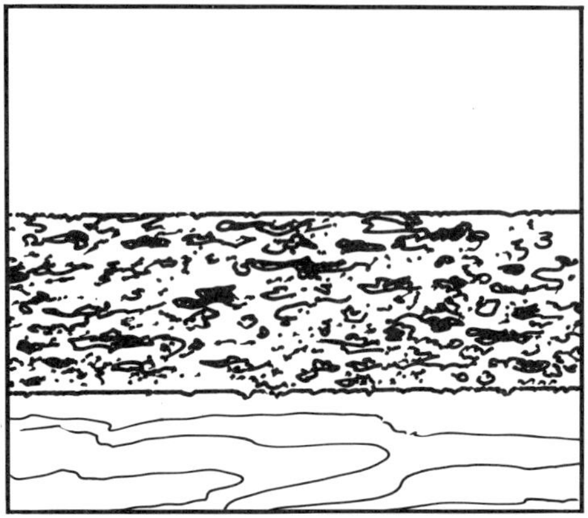

1

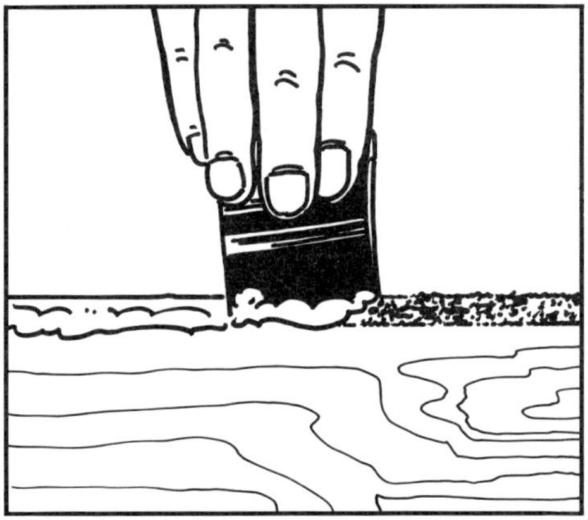

2

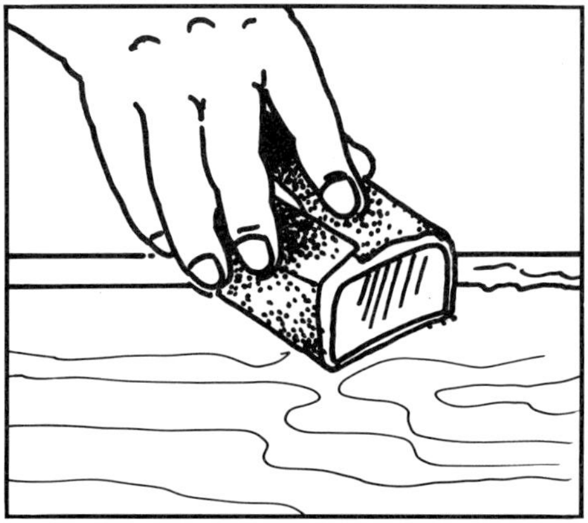

3

Eine sogenannte Spanplatte besteht aus einer Mischung von Holzspänen, Sägemehl und Leim, die unter großem Druck zusammengepreßt wird. Die Oberflächen dieser Platten sind in der Regel mit einem glatten lackartigen Überzug versehen, der vor einer Lackierung keine weiteren Vorbehandlungen erforderlich macht. Anders sieht es jedoch mit den Sägeschnittkanten aus. Diese Kanten sind stark porös und müssen vorbehandelt werden. Sie können sie entweder mit einem Umleimer, bzw. einer dünnen Leiste verkleiden (wie bereits vorher beschrieben) oder aber mit Füllstoff verspachteln.

1. Dazu mischen Sie den Füllstoff genau nach Gebrauchsanweisung an. Er darf auf keinen Fall zu dünnflüssig sein, da die poröse Holzmischung sonst an den Kanten leicht aufquillt.

2. Die Füllstoffmasse wird jetzt mit einem glatten Spachtel (kein Zahnspachtel) gleichmäßig auf der Kante verteilt und dann verstrichen.

Da auch bei sachgemäßer Verarbeitung immer etwas Füllstoff in der porösen Holzmasse versickert, müssen Sie diesen Vorgang gegebenenfalls noch einmal wiederholen.

3. Abschließend zuerst mit grobem und dann mit feinem Sandpapier glattschleifen, wenn die Füllstoffmasse restlos durchgetrocknet ist. Sie kann jetzt wie üblich lackiert werden.

Zur Verarbeitung von Spanplatten zum Schluß noch ein Tip: Achten Sie beim Einkauf solcher Spanplatten darauf, daß Sie nur formaldehydfreie Platten kaufen. In fast allen Fällen sind sie entsprechend gekennzeichnet bzw. mit dem blauen „Umweltengel" versehen.

1

2

3

Der kunterbunte „Malkerl"

Material
Sperrholz, Spanplatte, Eisenwinkel, Stahldraht, Stellringe, Holzleisten, Flacheisen, Metallsägeband, Grundier- und Lackfarben, Stoff, Ziernägel, Schrauben und Nägel.

Werkzeug

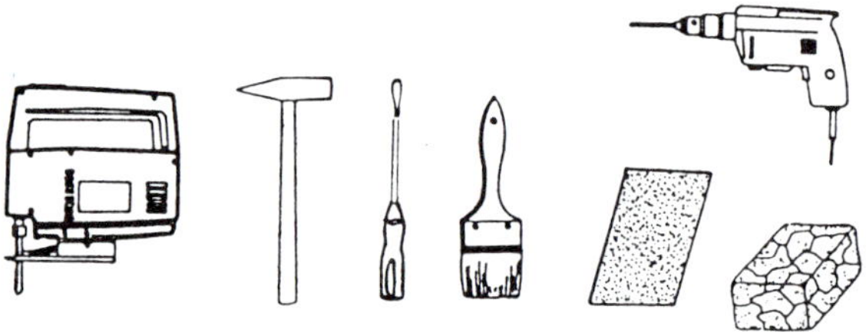

Schwierigkeitsgrad

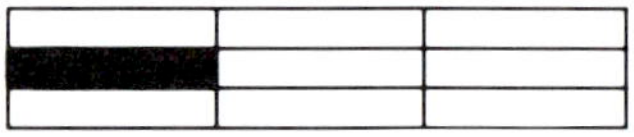

Kraftaufwand

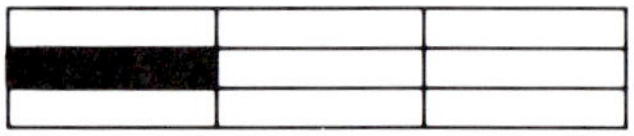

Arbeitszeit
Die reine Arbeitszeit, einschließlich aller Vor- und Nebenarbeiten, beträgt ca. 6 Stunden

Ersparnis
Durch Eigenleistung sparen Sie ca. 200 DM.

Arbeitsanleitung

Der „Malkerl", wie hier vorgestellt, braucht nicht unbedingt in der genau gleichen Form realisiert zu werden. Wenn Sie künstlerisch begabt sind, legen Sie zunächst eine Zeichnung an, die nach Fertigstellung mit einem Gitternetz überzogen wird. Jeder Kasten entspricht 1 × 1 Zentimeter. Das gleiche Gitternetz wird dann auf eine 12 Millimeter starke Sperrholzplatte übertragen. Bei unserem Beispiel entspricht dann jeder 1 × 1 Zentimeter Kasten auf der Zeichnung 10 × 10 Zentimeter in der Natur.

1. Auf dieses Gitternetz wird jetzt die Zeichnung zunächst mit einem Bleistift (damit Sie Fehler beim Übertragen verbessern können) und dann mit einem kräftigen Filzschreiber übertragen.

2. Anschließend wird die Figur mit einer Stichsäge ausgesägt. Um glatte, splitterfreie Ränder zu erhalten, benutzen Sie ein feines Sägeblatt und überkleben die Schnittflächen, soweit wie möglich zusätzlich mit einem Tesafilm-Band.

Wenn die Außenkonturen sauber ausgeschnitten sind, geht es ans Aussägen der Zwickel zwischen Rumpf und Armen und des rechteckigen Ausschnitts zwischen den Beinen, in den später von der Rückseite her die Stütze zwischen Figur und Grundplatte eingesetzt wird. Um hier die Stichsäge ansetzen zu können, wird das Sperrholz mit einem 8-Millimeter-Bohrer in der Mitte des jeweils auszuschneidenden Teils durchbohrt. Für den rechteckigen Ausschnitt bohren wir an allen vier Ecken ein entsprechendes Loch, wodurch das genaue rechtwinklige Ausarbeiten des Ausschnitts entscheidend erleichtert wird.

Ein weiteres 8-Millimeter-Loch bohren wir genau in die Mitte des Mundes, aus dem später die Rauhfaserbahn durch einen Schlitz herauskommt. Alle diese Teile werden ebenfalls mit der Stichsäge ausgesägt. Der Mund verläuft mit einer Neigung von 45 Grad nach unten, dadurch kann die Papierbahn schön glatt durchlaufen. Damit Sie sich spä-

4

5

6

7

8

9

ter nicht im Schlitz festsetzt, wird dieser durch zweimaliges Sägen auf etwa 4 Millimeter Breite erweitert und anschließend mit einem Sandpapierstreifen sehr sorgsam geglättet.

3. Wenn unser Malkerl soweit gediehen ist, legen wir ihn auf den Bauch, denn nun wird auf der Rückseite die Halterung für die Malrolle (Rauhfaserrolle) angeschraubt. Sie besteht aus zwei Eisenwinkeln, die im Abstand von 56,5 Zentimeter fluchtend angeschraubt werden. Als Achse zwischen den beiden Winkeln dient ein etwa 5 Millimeter starker Stahldraht, der mit zwei Stellringen gegen seitliches Herausrutschen gesichert wird. Festen Stand erhält unser Malkerl durch einen großen Fuß, der ihn zuverlässig gegen das Umkippen absichert. Der Fuß besteht aus einer 19-Millimeter-Spanplatte.

4. Und nun kommt die schönste Arbeit: das Bemalen. Wie immer benutzen wir einen kinderfreundlichen Acryllack nach der üblichen Vorbereitung (Schleifen, Grundieren usw.).

5. Die Mütze und die aufgesetzten Taschen bestehen aus Stoff. Die Mütze können Sie, nachdem Sie sie in Form geschnitten haben, einfach aufkleben.

6. Die Taschen werden mit Ziernägeln am Korpus befestigt. Sie dienen zur Aufnahme von Pinseln, Filzschreibern oder Buntstiften und sorgen dafür, daß die Umgebung des Malkerls möglichst ordentlich bleibt.

7. Der Gürtel des Malkerls besteht aus einem Flacheisen (oder aber auch aus einem 12-Millimeter-Sperrholzstreifen), den Sie farblich der übrigen Figur angepaßt haben. Damit sich das Papier leicht abreißen läßt, wird der Sperrholzstreifen am unteren Ende von innen mit einem Metallsägeband beklebt.

8. Dann wird er mit zwei Klötzchen am Korpus so festgeschraubt, daß sich das Papier leicht durchziehen läßt.

9. Später wird der Papierstreifen einfach nach unten weggezogen.

10

10. Hier sehen Sie unseren fertigen „Malkerl". Arbeiten Ihre Kinder jedoch gerne mit Finger- oder Wasserfarben, so kann der Fuß zusätzlich mit einer hochstehenden Kante versehen werden, wo die Malfarben ihren festen Platz haben. Bevor Sie zu arbeiten beginnen, machen Sie sich zunächst mit den Dimensionen des Kinderzimmers vertraut. Eine solche Figur nimmt sehr viel Platz ein.

1

2

3

Einfache Tische aus Glas und Spanplatten

Material
Spanplatte oder Tischlerplatte, Korkplatte, Spiegelglasplatte, d-c-fix-Folie und Dekomaterial (z. B. Strohblumen, Poster, Buntstifte etc.) Massivholzleisten, Kleber.

Werkzeug

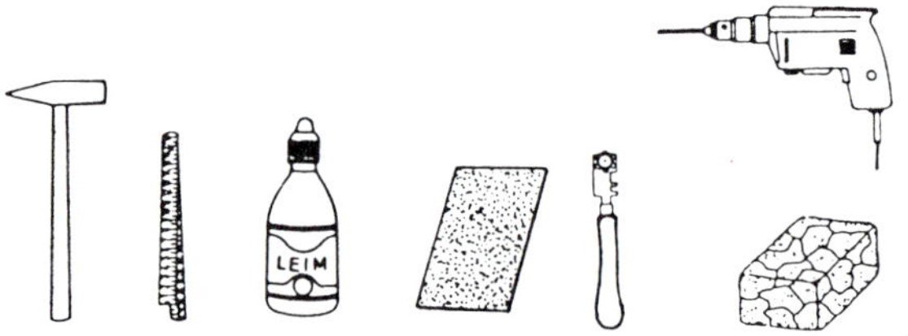

Schwierigkeitsgrad

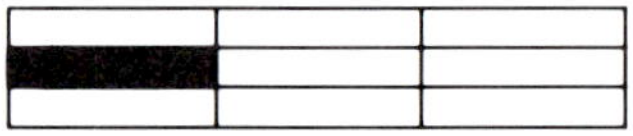
0 1 2 3

Kraftaufwand

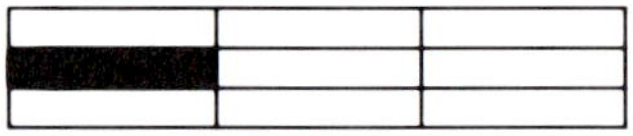
0 1 2 3

Arbeitszeit
Je nach Tischvariante benötigen Sie 1 – 5 Stunden; einfachste Lösung: der Postertisch, aufwendigste Variante: Tisch mit Kästchendekor

Ersparnis
Von der einfachsten bis zur anspruchsvollsten Lösung sparen Sie zwischen 100 und 500 DM.

Alle hier gezeigten Tische haben das Standardmaß 90 × 150 Zentimeter. Sie können natürlich auch in anderen Größen gearbeitet werden. So sieht beispielsweise der Tisch mit der Korkplatte auch sehr hübsch als Couchtisch aus, oder der Arbeitsplatztisch als Eßtisch.

Alle Tische bestehen aus einer Spanplatte als Grundelement mit einer an den Kanten angeschliffenen aufgelegten Glasplatte von 6 Millimeter Stärke. Diese Platte lassen Sie am besten beim Glaser anfertigen.

Arbeitsanleitung

1. Korktisch mit Spiegelglas: Die Korkplatte wird mit Kontakt- oder einem speziellen Korkkleber auf die Grundplatte festgeklebt. Die Spiegelscherben müssen die gleiche Dicke haben wie die Korkplatten und werden ebenfalls mit Kontaktkleber aufgeklebt. Der Kork läßt sich am besten mit einem Cuttermesser schneiden, die Spiegelecken mit einem einfachen Glasschneider. Die Tischkante wird mit einer so starken Holzleiste kaschiert, daß die daraufgelegte Glasplatte mit der Oberkante der Leiste abschließt und nicht verrutschen kann.

2. Arbeitstisch: Bei dieser Gestaltung kommt es besonders auf den Untergrund an. Die Grundplatte wird entweder mattschwarz lackiert oder mit einer schwarzen d-c-fix-Folie bezogen. Dabei müssen Sie sehr sorgfältig auf Luftblasen achten; wenn nötig Blase eventuell mit einer Stecknadel anstechen und dann andrücken. Unter der Glasplatte werden die verschiedensten Utensilien angeordnet.

3. In diesem Fall wird die Glasplatte nur aufgelegt, um sie leichter anheben zu können, wenn die untergelegten Gegenstände –Telefonzettel, Bilder etc. – gewechselt werden sollen.

4. Origineller Tisch mit Kästchendekor: Eine besonders hübsche Variante – aus zwei Zentimeter breiten Leisten werden Kastenrahmen zusammengeleimt oder genagelt und dann auf die Grundplatte geleimt. Je nach Geschmack können Leisten und Grundplatte farblich gegeneinander abgesetzt

4

5

6

7

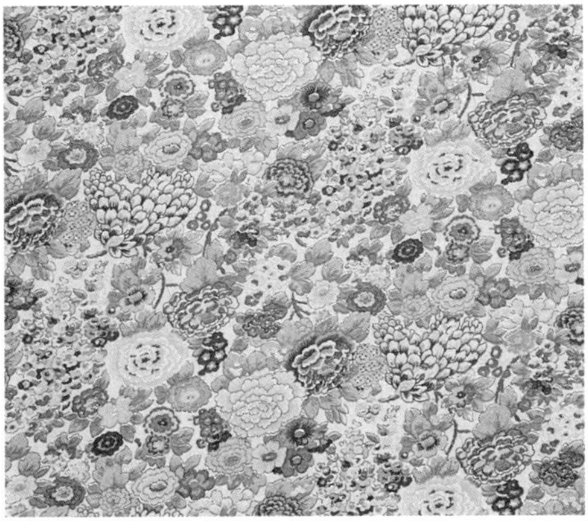

8

9

werden. In diese Kästchen kommen dann Sammlerutensilien. Beispielsweise hübsche Steine, Gräser oder Strohblumen etc., die sich möglichst gegen die dunkle Grundplatte abheben.

5. Die aufgelegte Glasplatte wird dann wieder am Rand mit einer entsprechend hohen Holzleiste gegen Verrutschen gesichert. Außerdem verhindert die versenkte Glasplatte, daß die Sammlerutensilien zu schnell einstauben.

6. Postertisch: Die einfachste Variationsmöglichkeit: die Grundplatte wird mit einer ausgesuchten Tapete, einer d-c-fix-Folie, einem Poster oder ähnlichem Druckerzeugnis beklebt und dann mit der Glasplatte abgedeckt.

7. – 9. Nach dem gleichen Prinzip sind die folgenden Tische gearbeitet. Ihrer Phantasie sind in diesem und in den anderen Fällen keine Grenzen gesetzt. Wir wünschen viel Spaß und gute Ideen.

Ideen, sie sind das A und O dieser und ähnlicher Do-it-yourself-Arbeiten. Wer nur einen einfachen Tisch sucht, um darauf irgendeine Arbeit zu verrichten, wird sich kaum die Mühe machen, ihn so zu gestalten, wie wir es hier beschrieben haben. Dann genügt eine einfache Holzplatte auf zwei Böcke gestellt. Und eine Lampe, für 29,50 DM im nächsten Supermarkt gekauft, erfüllt den gleichen Zweck wie die Holzlampen, die wir in unserem nächsten Kapitel behandeln. Nein, erst die Idee und die Variation machen solche Do-it-yourself-Arbeiten zu einem ganz persönlichen, unverwechselbaren Gegenstand.

Darum halten Sie sich bitte weder in diesem Fall noch bei unseren anderen Vorschlägen sklavisch an die vorgegebenen Maße, Farben und Formen. Sie sollen nur anregen, Ihre eigene Kreativität ankurbeln, die Phantasie in Gang setzen. Ein ungewöhnlicher Tapetenrest, eine Mammutzeichnung Ihres Sprößlings als Unterlage – alles ist schön und interessant, wenn Sie Freude daran haben. Wohnen Sie nie so, wie man es Ihnen vorschreibt, sondern immer so, wie es Ihnen gefällt.

Moderne Lampen aus Holz gesägt

Material
Spanplatten, Massivholzleisten und Kantholz, Lack, Elektrozubehör, Klebeband, Kunstharzkleber, Mullbinde (exakte Maßangaben und Mengen entnehmen Sie bitte dem Text, S. 46).

Werkzeug

Schwierigkeitsgrad

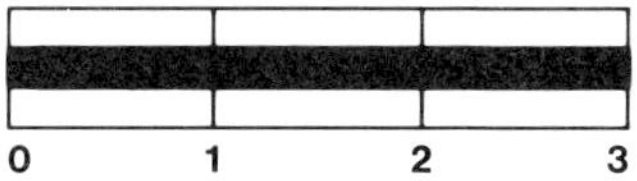

Kraftaufwand

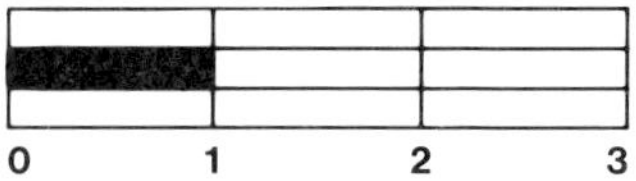

Arbeitszeit
Die Arbeit erfordert Zeit und Geschicklichkeit. Sie benötigen etwa 15 Stunden.

Ersparnis
Moderne Lampen sind teuer. Sie sparen durch Eigenleistung etwa 150 DM.

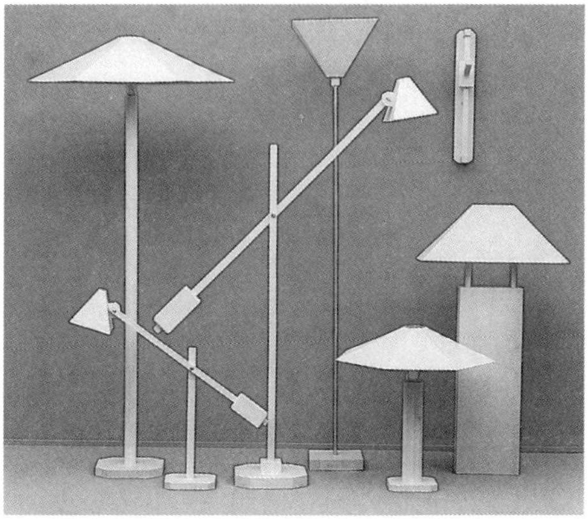

1

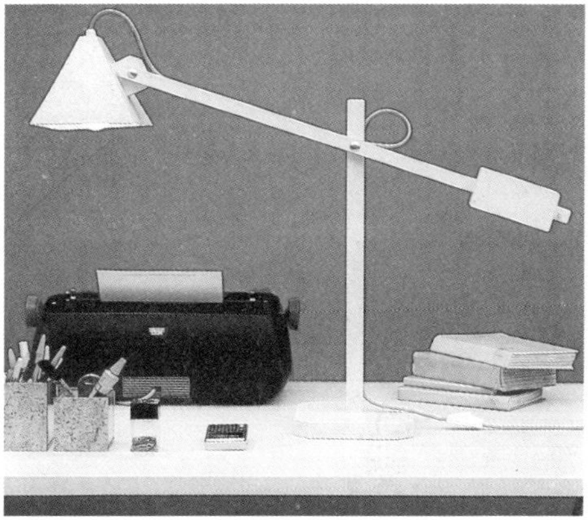

2

3

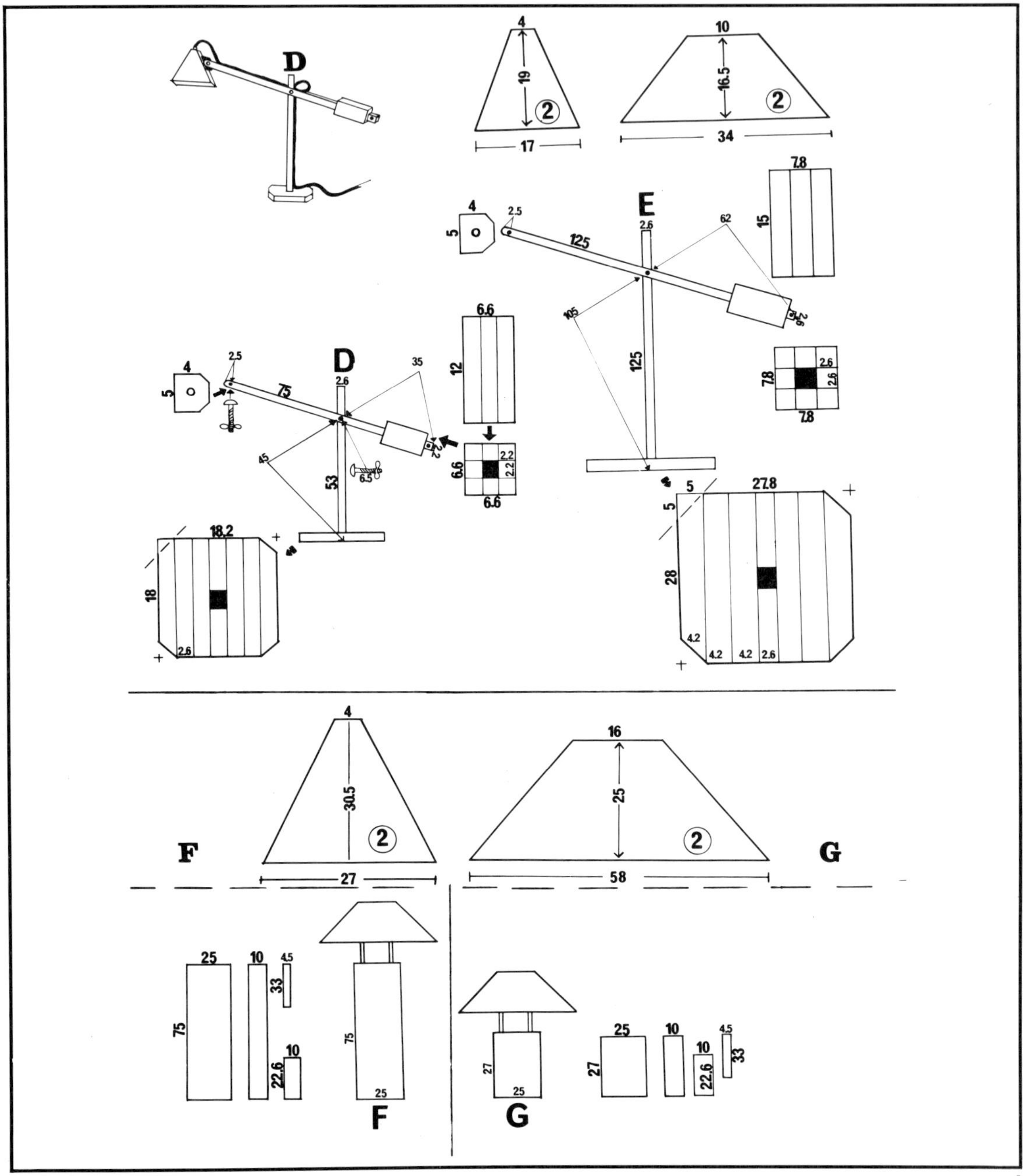
D
4
19
2
17
10
16.5
34
7.8
15
E
4
2.5
5
125
2.6
62
105
125
2.6
7.8
2.6
2.6
7.8
6.6
12
D
4
2.5
75
2.6
35
5
2.2
45
53
6.5
2.2
2.2
6.6
6.6
5
27.8
5
28
4.2
4.2
4.2
2.6
18.2
18
2.6
4
30.5
2
F
27
16
25
2
G
58
25
10
4.5
33
75
10
22.6
75
25
F
27
25
G
25
10
10
4.5
27
22.6
33

4

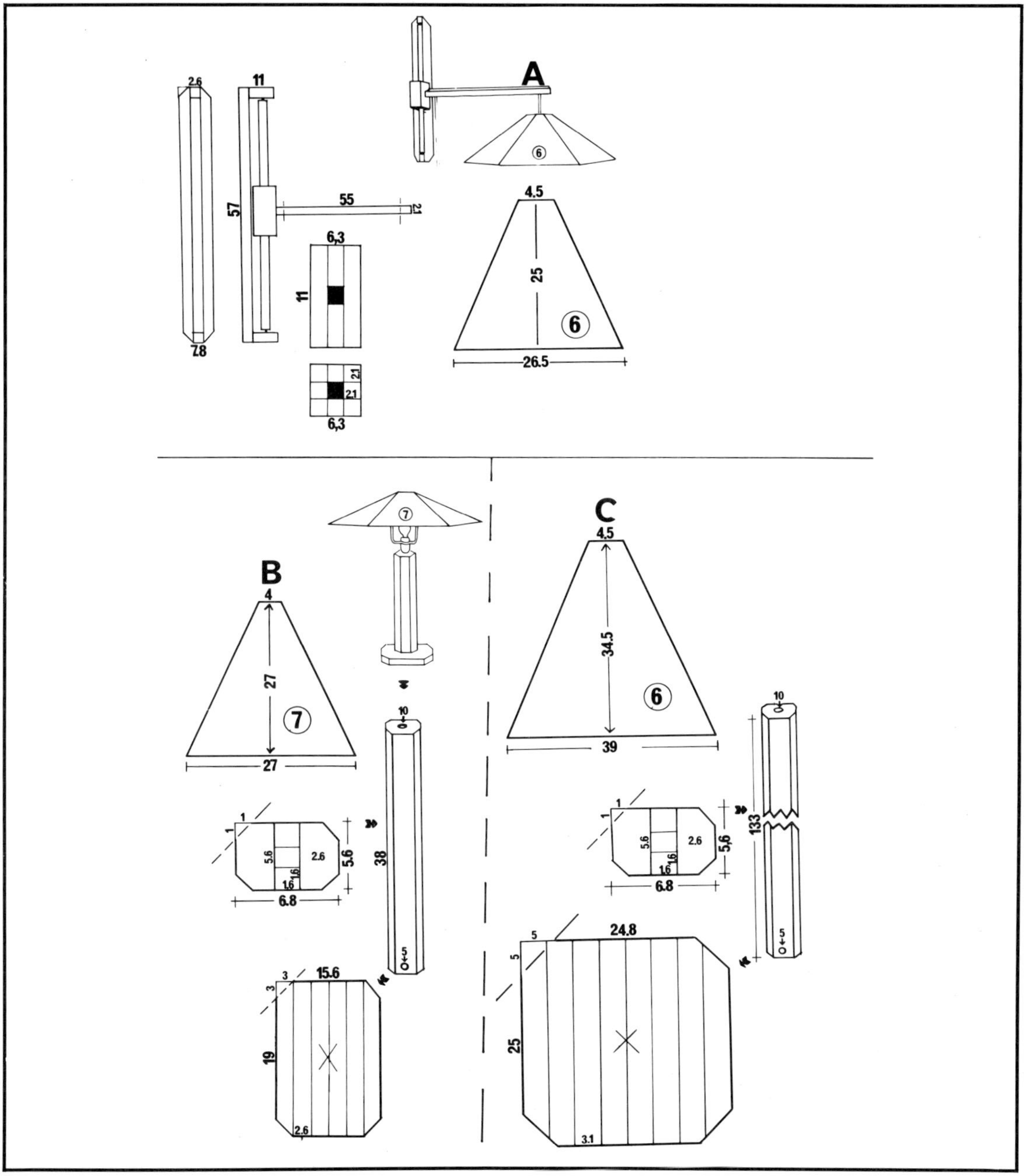
A
2.6
11
57
55
2.1
6,3
11
7.8
2.1
2.1
6,3
6
4.5
25
6
26.5
B
7
4
27
7
27
10
1
1
5.6
2.6
5.6
1.6
1.6
6.8
38
3
3
15.6
19
2.6
5
C
4.5
34.5
6
39
10
1
1
5.6
2.6
5.6
1.6
1.6
6.8
133
5
5
24.8
25
3.1
5

6

7

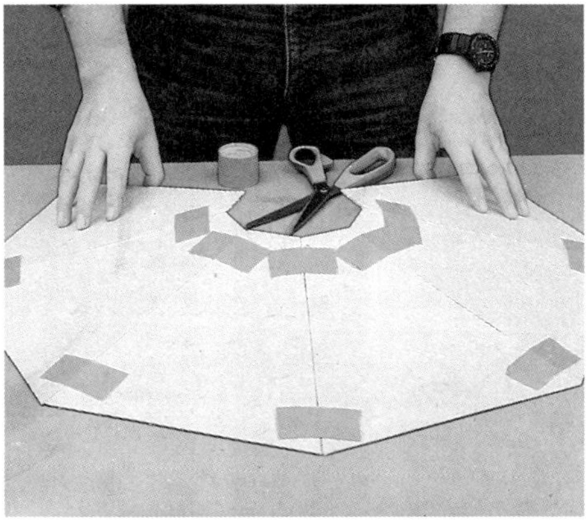
8

Üblicherweise verbindet man den Gedanken an einen Lampenschirm mit Stoff und Spitzenborten. Darum sind Lampenschirme aus dünnen Spanplatten sicher eine moderne Lösung, die man schnell und einfach nach den eigenen Wünschen herstellen kann.

Arbeitsanleitung

1. – 3. Die Abbildungen 1 – 3 zeigen verschiedene Lösungsvorschläge. Sie können die Schirme mit buntem Papier oder d-c-fix-Folie bekleben, farbig lackieren, mit Stoff beziehen oder aber auch im Naturzustand belassen. Ihrer Phantasie sind keine Grenzen gesetzt. Da Sie jedoch aus Sicherheitsgründen keine Glühbirnen über 60 Watt benutzen dürfen, ist es empfehlenswert die Schirme von innen weiß zu lackieren. Dadurch ergibt sich auch ein helleres Licht.

4. – 5. In den Zeichnungen finden Sie Zahlen in einem Kreis, zum Beispiel eine 6. Das bedeutet, daß Sie für diesen bestimmten Lampenschirm sechs identische Teile benötigen. Sind zwei Teile jeweils mit einer Zahl 2 im Kreis angegeben, heißt das, Sie benötigen jeweils zwei Stück jedes Teils für die Herstellung dieses Schirms. Die Großbuchstaben A – G verweisen auf die verschiedenen Lampenvarianten, die Sie mit Hilfe der Konstruktionszeichnung zusammenstellen können.

Maße für die **Hängelampe** (vgl. dazu auch die Angaben in den Zeichnungen): 3 Stück (im folgenden kurz als St. bezeichnet) 2,6 × 2,6 Leisten, 57 cm lang; 2 St. 2,6 × 2,6 Leisten, 11 cm lang; 1 St. 2,1 × 2,1 Leiste, 51,5 cm lang; 9 St. 2,1 × 2,1 Leisten, 11 cm lang; 1 St. 2,1 × 2,1 Leiste, 55 cm lang.

Für die **Tischlampe benötigen Sie:** Fuß: 6 St. 2,6 × 2,6 Leisten, 19 cm lang; Sockel: 2 St. 6,5 × 6,5 Leisten, 38 cm lang; 2 St. 1,6 × 1,6 Leisten, 38 cm lang.

Für die **Stehlampe benötigen Sie:** Fuß: 7 St. 2,5 × 2,6 Leisten, 18 cm lang; Sockel: 1 St. 2,6 × 2,6 Leiste, 53 cm lang; Arm: 1 St. 2,2 × 2,2 Leiste, 75 cm lang; Block: 9 St. 2,2 × 2,2 Leisten, 12 cm

lang; sowie 2 Flügelmuttern mit 6,5 cm Länge.
Material: Wir haben für die Herstellung ausschließlich dünne Spanplatten von drei Millimeter Stärke benutzt. Sie können jedoch auch entsprechend starkes Sperrholz und sogar gleich dicke Pappe verwenden.

Und so wird's gemacht: Schneiden Sie zunächst aus dünner Pappe eine Schablone in den Abmessungen, die für den **Schirm** Ihrer Wahl angegeben sind.

6. Diese Schablone übertragen Sie dann auf die Spanplatte und sägen die einzelnen Teile aus.

7. Sie werden an den Kanten sauber geschliffen und anschließend fächerförmig auf dem Tisch ausgebreitet.

8. Alle Teile werden jetzt mit einem Klebeband fest miteinander verbunden.

9. Damit haben Sie bereits die Rohform der Lampe fertiggestellt.

10. Von innen kleben Sie jetzt dort, wo die einzelnen Teile zusammenstoßen, mit Kunstharzkleber ein dünnes Gazeband (Mullbinde) auf. Dabei sollte das Gazeband gut mit Kleber gesättigt sein. Das Ganze muß 24 Stunden trocknen, bis der Kleber völlig ausgehärtet ist.

11. Nun werden alle offenen Kanten mit Holzkitt ausgefugt und der Schirm danach von innen und außen geschliffen. In die obere Öffnung wird eine entsprechende Holzscheibe eingeklebt, in die Sie vorher mit dem Kreisschneider ein entsprechend großes Loch für die Lampenfassung geschnitten haben.

Als Material für die **Lampenfüße** brauchen Sie ein zusätzliches Stück 12 Millimeter starke Spanplatte (Fuß der Stehlampe) und die entsprechenden Meter gehobelte Dachlatte, die es in verschiedenen Stärken gibt. Gegebenenfalls müssen Sie aus einer nächstgrößeren Stärke auf die angegebene Stärke mit der Kreissäge zugeschnitten werden. Vielleicht ist Ihnen hierbei ein Tischler oder ein Angestellter in Ihrem Baumarkt behilflich.

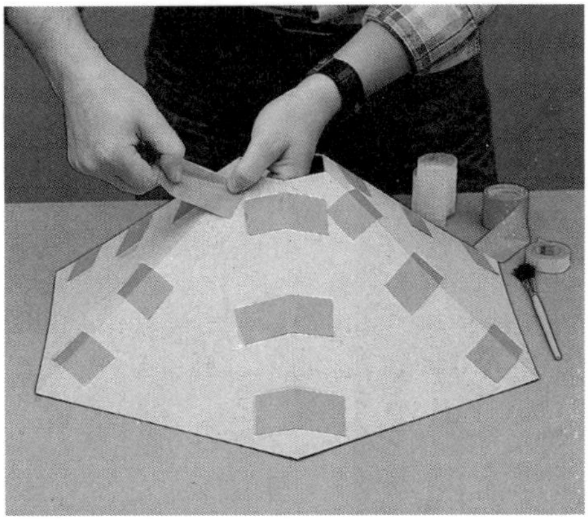

9

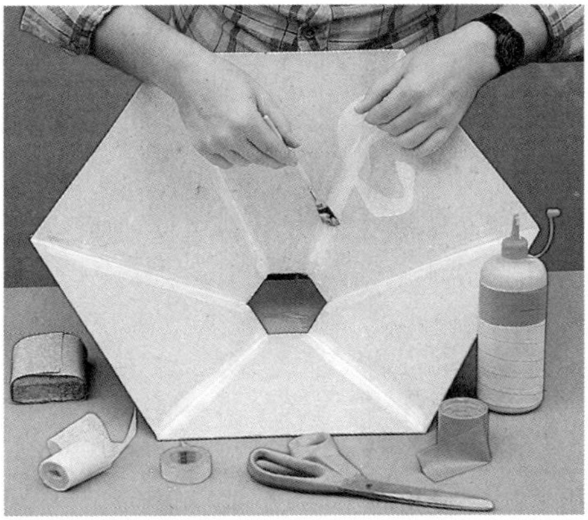

10

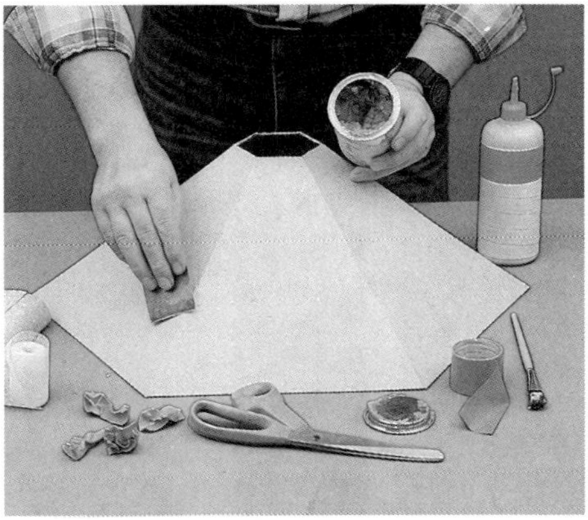

11

1

2

3

Geröllspiel und Wurfspiel

Material
Sperrholz- od. Tischlerplatten, Fichtenholzleisten, Holzbretter, Aluminiumrohr, Holzgriffknopf, Schrauben, Scharniere, Holzschrauben, Gummiringe, Holzgrundierung und -leim, Acryllack (weitere Materialien entnehmen Sie der detaillierten Liste im Text).

Werkzeug

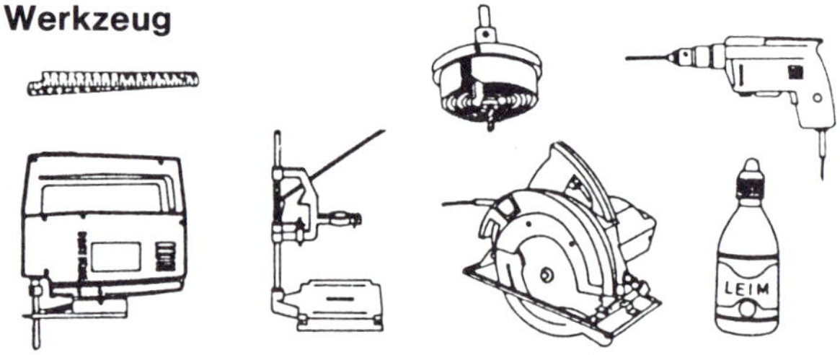

Schwierigkeitsgrad

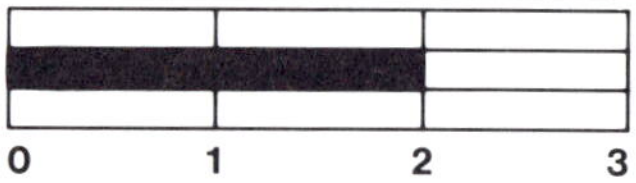

Kraftaufwand

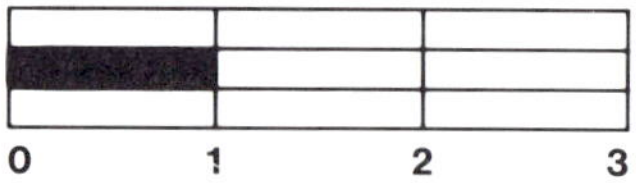

Arbeitszeit
Pro Spiel müssen Sie etwa 6 Stunden veranschlagen.

Ersparnis
Die Ersparnis beim Geröllspiel beträgt ca. 50 DM und beim Wurfspiel ca. 100 DM.

Geröllspiel: Nach dem Motto „Wer wagt, gewinnt!" wird wohlkalkulierte Risikobereitschaft bei einem selbstgebauten Geröllspiel belohnt. Dieses leicht nachzubauende Spiel besteht aus unterschiedlich großen Holzscheiben, die auf einer waagerechten Platte angeordnet und unter Druck gesetzt werden. Jetzt kommt es darauf an zu erkennen, welche Spielscheiben sich herausnehmen lassen, ohne daß sich die anderen bewegen. Sozusagen eine Spezialform des bekannten Mikadospiels.
Unter Druck gesetzt werden die in einem rechteckigen Spielfeld befindlichen Scheiben durch einen beweglichen Schieber, der mit kräftigen Gummibändern verspannt ist. Die Spielsachen werden je nach Größe verschiedenfarbig lackiert und mit unterschiedlichen Werten versehen. Als **Spielregel** gilt, wer eine Spielscheibe berührt, muß sie auch aus dem Spiel nehmen. Rührt sich der Schieber, gibt es einen Minuspunkt und der nächste Spieler beginnt.

Arbeitsanleitung

Zunächst wird die Grundplatte mit einem Umleimer versehen, glatt geschliffen und mit der gewünschten Farbe gestrichen.

1. Anschließend sind die vier seitlichen Begrenzungsleisten zuzuschneiden und glattzuhobeln.

2. Nachdem Sie sie farbig mit Acryllack gestrichen haben, werden sie dann einfach seitlich an die Grundplatte geleimt und geschraubt.

3. Dann wird der Schieber zusammengebaut. Er besteht aus einem Alurohr, das mit einem hölzernen Griffknopf und einer hochkant angeordneten Leiste verbunden wird. Vier Ösen, je zwei am oberen Ende des Spielfelds und zwei an der Leiste des Schiebers, werden mit einem starken Gummiband verbunden und halten den Schieber unter Spannung, sobald die Spielscheiben ins Feld gebracht wurden.

4. Die Spielscheiben werden mit Hilfe einer Lochsäge sauber aus einer 12-Millimeter-Spanplatte ausgesägt.

4

5

6

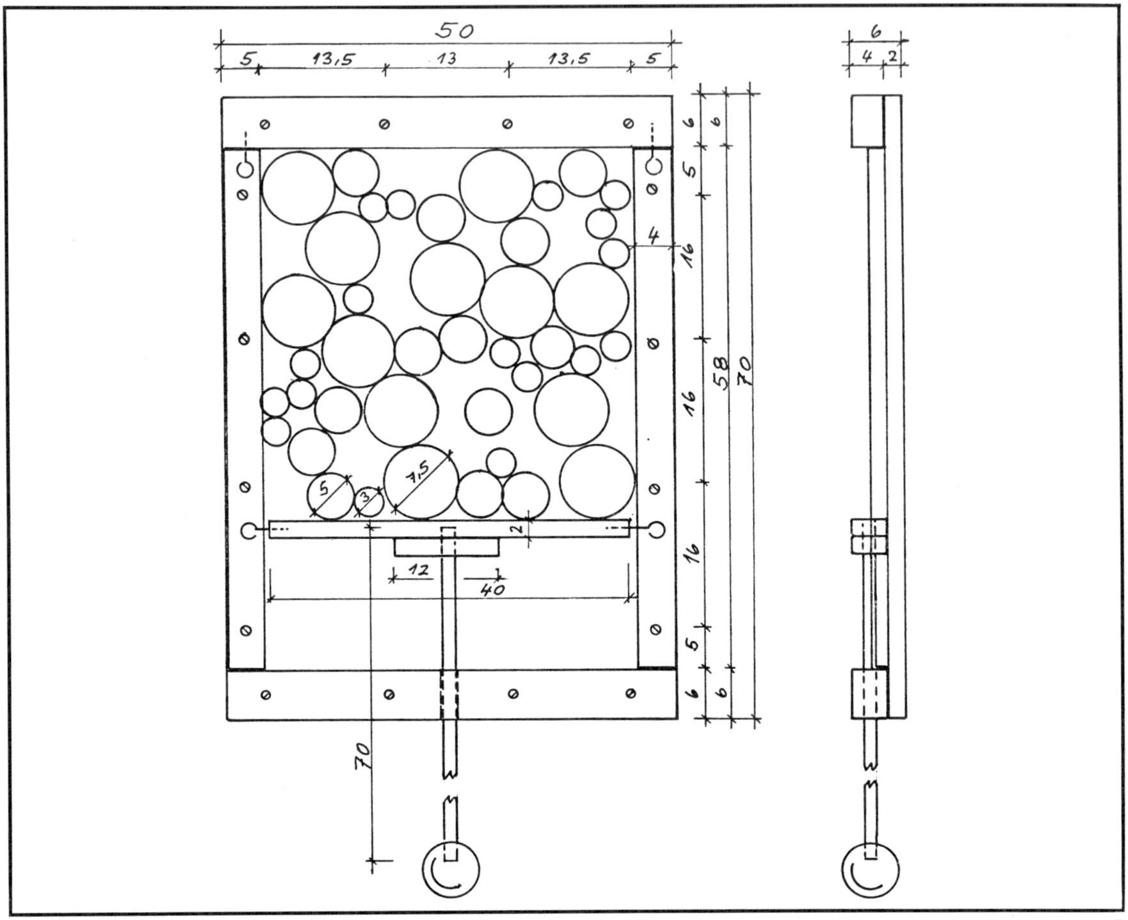

7

5. In der Mitte der Scheibe wird ein Holzdübel eingeleimt, um die Scheiben leichter aus dem „Geröllfeld" herausnehmen zu können. Anschließend werden die Scheiben mit umweltfreundlichen Acryllack lackiert. Er trocknet sehr schnell und vergilbt nicht.

6. Ein Spiel, an dem nicht nur Ihre Kinder viel Freude haben werden.

7. Der Schemazeichnung können Sie die genauen Maße entnehmen, damit die Arbeit auch gelingt.

Die folgende Materialliste zeigt Ihnen genau auf, was Sie für das Geröllspiel alles brauchen: 1 Grundplatte 70 × 50 × 1,9 cm aus Sperrholz oder als Tischlerplatte; 2 Leisten 50 × 6 × 4 cm aus Fichte; 2 Leisten 58 × 4 × 2 cm aus Fichte; 1 Leiste 40 × 4 × 2 cm aus Fichte; 1 Leiste 12 × 4 × 2 cm aus Fichte; 1 Alurohr mit 70 cm Länge und 1,5 cm Durchmesser; 1 Holzgriffknopf mit ca. 5 cm Durchmesser; 4 Schraubösen 2 × 4 cm und 1 Platte zum Aussägen der Spielscheiben

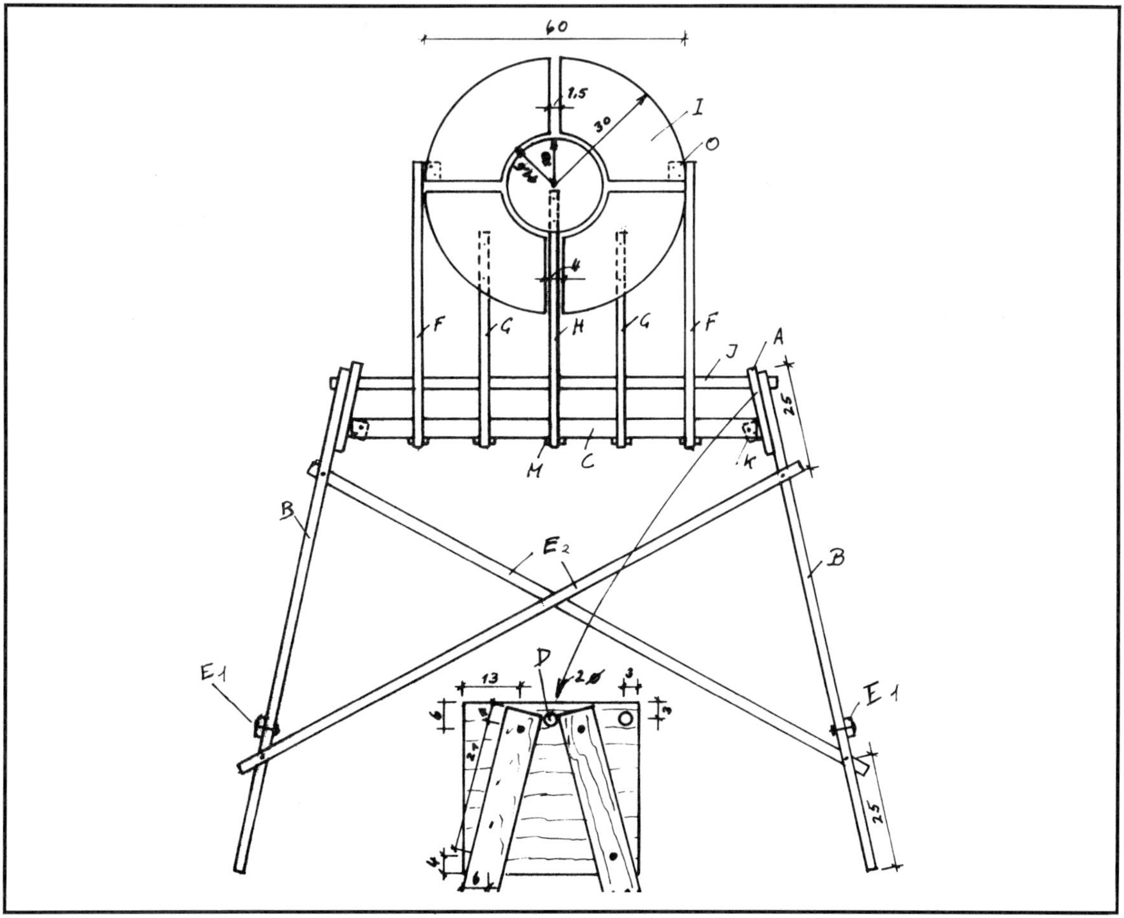

1

mit 50 × 50 × 0,8 cm aus Sperrholz. **Außerdem werden benötigt:** 8 Holzschrauben mit Linsenkopf (vernickelt – 5 × 55 mm); 8 Holzschrauben mit Linsenkopf (vernickelt – 5 × 35 mm); 2 Gummiringe (Modellbau) von ca. 70 mm Durchmesser; Holzleim, Holzgrund und umweltfreundlicher Acryllack.

Übrigens kann man dieses Geröllspiel auch als Taschenspiel konstruieren. Der Aufbau ist genau gleich, nur eben wesentlich kleiner. Als Holzscheiben eignen sich ausgediente Damesteine oder Holzscheiben, wie man sie in verschiedenen Größen abgepackt in jedem Bastelladen bekommt. Auch eine Variation mit unterschiedlich großen Glasmurmeln ist möglich.

Arbeitsanleitung

Das lustige Wurfspiel: Wer mit Tennisbällen zielsicher werfen kann, wird viel Freude an diesem selbstgebauten Spiel für Erwachsene und Kinder gleichermaßen haben. Vor al-

2

3

4

lem ist es, und das ist für Kinder besonders wichtig, völlig ungefährlich. Das Nachbauen dieser Spielidee ist mit relativ wenig Material- und Zeitaufwand möglich. Nach den schönen Sommertagen läßt es sich einfach zusammenklappen und platzsparend im Keller verstauen, wenn das Kinderzimmer nicht so groß ist, daß man es auch dort verwenden kann.

1. Behalten Sie bei der nun folgenden Beschreibung bitte unsere Schemazeichnung immer im Auge und orientieren Sie sich an den dort und im Text angegebenen Großbuchstaben.

Die eigentliche Zielscheibe (I) besteht aus widerstandsfähigem 8 Millimeter starkem Sperrholz und wird, wie in der Zeichnung angegeben, mit der Stichsäge zugesägt. Für die Hebelarme und das Standgestell nehmen wir gehobelte Dachlatten in einer Stärke von 4,0 × 2,0 Zentimeter. Natürlich läßt sich auch jede andere Stärke verwenden, nur sollte man diese Stärke nicht unterschreiten, da sonst bei einem kräftigen Wurf das ganze Gestell zu leicht umkippt.

Zwischen den beiden Platten (A) wird die ca. 100 Zentimeter lange Grundplatte (C) mit zwei U-förmigen Beschlägen (K) befestigt. An diese Latte schrauben wir die Hebelarme (F), (G), und (H) mit einem leichtgängigen Scharnier (M) fest. Am oberen Ende tragen die Hebelarme die einzelnen Segmente der Zielscheibe. (G) und (H) werden direkt mit dem Segment verschraubt.

Die Hebel (F) erhalten am oberen Ende ebenfalls ein Scharnier (O), so daß hier das Segment bei einem Treffer seitlich wegklappen kann. Möglich ist auch eine feste Verbindung mit dem Hebelarm, dann klappt dieses Segment ebenfalls nach unten. Ein paar Zentimeter oberhalb der Grundlatte (C) werden die Hebelarme durch eine Leiste (J) zusätzlich nach vorne abgestützt. Abschließend werden auf die Platten (A) die Standlatten (B) wie angegeben befestigt. Sie sind am oberen Ende durch ein Scharnier verbunden und können so leicht zusammengeklappt werden. Die Kreuzlatten (E) sorgen für die nötige Stabilität.

2. Die Massivholzteile werden, sofern vorhanden, am besten mit einer stationären Kreissäge zugeschnitten.

3. Um die genauen Lochungen zu bohren ist ein Bohrständer von Vorteil.

4. Wer nicht so gut ausgerüstet ist, kann diese Arbeiten natürlich auch mit einer Stichsäge und einer normalen Bohrmaschine ausführen. Es dauert dann eben nur etwas länger.

5. – 6. Das rohe Holz wird nach dem Zusammenbau mit Holzgrund behandelt und anschließend mit Acryllack farbig gestrichen.

7. Auf Grund seiner Größe ist das Wurfspiel in erster Linie für draußen bestimmt. Wer jedoch einen geräumigen Hobbyraum im Keller hat, kann an unserem Spiel auch im Winter Spaß haben.

Die folgende **Materialliste** zeigt Ihnen genau auf, welche Anzahl der einzelnen Teile (vgl. dazu die Konstruktionszeichnung Abb. 1) Sie benötigen, welche Maße sie haben müssen und aus welchem Material sie sein sollten: Teil **A:** 1 Brett mit 20 × 20 × 2 cm aus Holz; Teil **B:** 4 Stützen 120 × 4 × 2 cm aus Holz; Teil **C:** 1 Verbinder mit 95 × 4 × 2 cm aus Holz; Teil **D:** 1 Scharnier aus Eisen; Teil **E 1:** 2 Streben 55 × 4 × 2 cm aus Holz; Teil **E 2:** 2 Streben 150 × 4 × 2 cm aus Holz; Teil **F:** 2 Hebel 66 × 4 × 2 cm aus Holz; Teil **G:** 2 Hebel 55 × 4 × 2 cm aus Holz; Teil **H:** 1 Hebel 60 × 4 × 2 cm aus Holz; Teil **I:** 1 Zielscheibe 65 × 65 × 0,8 cm aus Sperrholz; Teil **K:** 2 U-Winkel 8 × 4 × 4 cm aus Eisen; Teil **M:** 5 Stück; Teil **N:** 12 Schloßschrauben 0,6 × 5 cm aus Eisen mit Muttern und Unterlegscheiben; Teil **N:** 4 Schloßschrauben 0,6 × 7 cm aus Eisen mit Muttern und Unterlegscheiben und Teil **O:** 2 Winkel oder Scharniere 4 × 4 × 4 cm aus Eisen.

Außerdem werden benötigt: Holzschrauben, Holzleim, Holzgrundierung und Acryllack in verschiedenen Farbtönen.

5

6

7

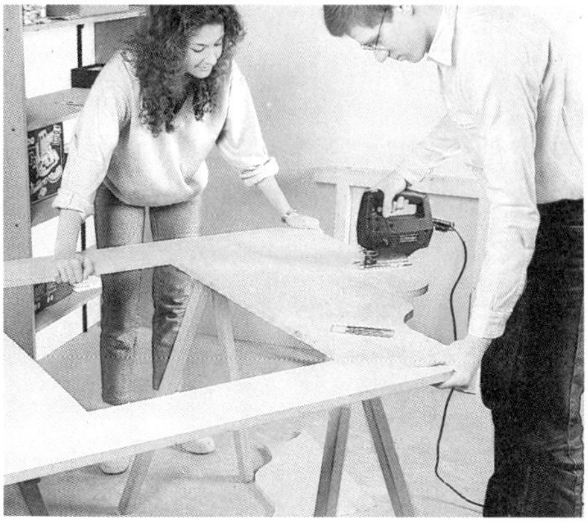
1

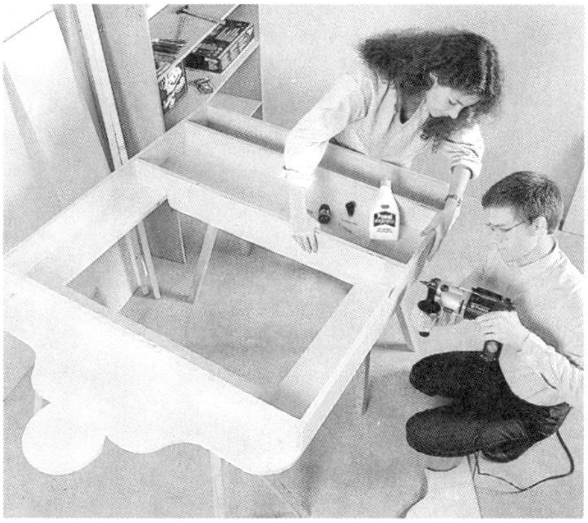
2

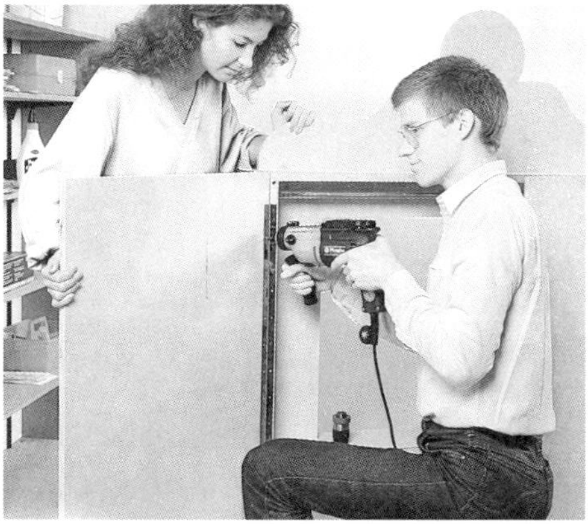
3

Aus eins mach zwei – Kaufladen und Kasperletheater

Material
Tischlerplatte, Massivholzteile, Messingrohr, Rundeisen, Schrauben, Grundierung und Acryllack (weitere Materialien entnehmen Sie der detaillierten Liste im Text).

Werkzeug

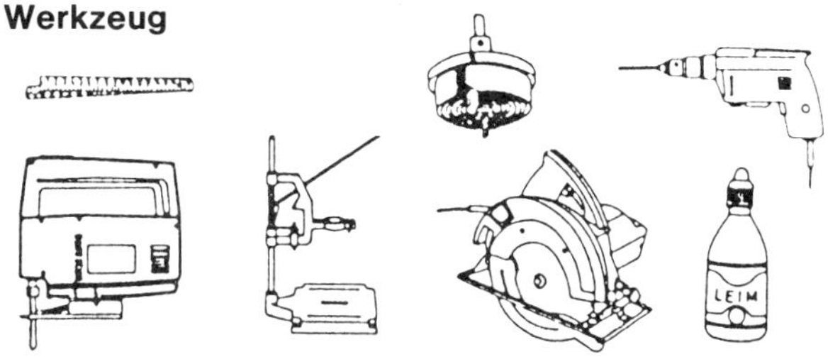

Schwierigkeitsgrad

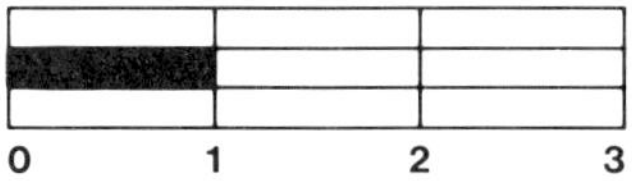

Kraftaufwand

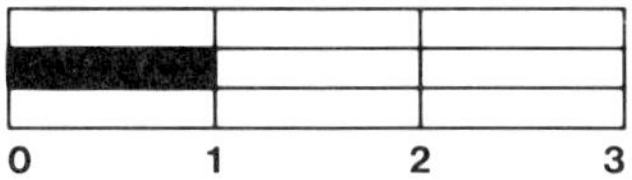

Arbeitszeit
Die Arbeit erfordert Zeit und Geschick. Einschließlich aller Neben- und Vorarbeiten benötigen Sie ca. 25 Stunden.

Ersparnis
Kaufläden und Kasperletheater sind teuer. Je nach Ausführung können Sie sich bis zu 500 DM sparen.

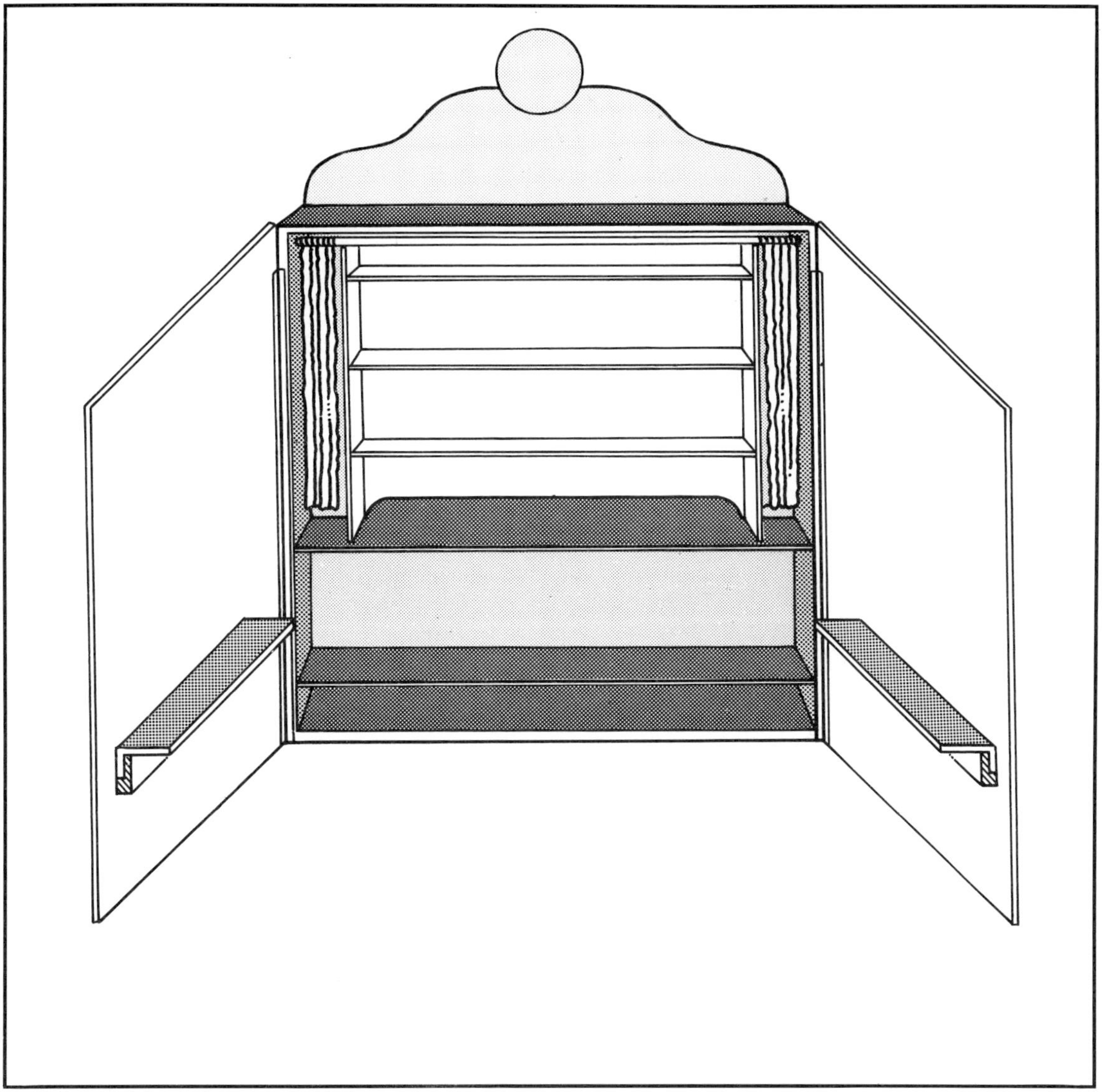

4

Kasperletheater und Kaufladen sind die Klassiker unter den Kinderspielzeugen. In vielen Familien gibt es trotzdem keines dieser beiden Spielzeuge, weil es einfach an Platz mangelt. Unser Kombinationsspielzeug läßt sich jedoch zu einer 115 × 111 × 13,5 Zentimeter großen Kiste zusammenklappen, für die sich notfalls unter dem Bett immer ein Plätzchen finden läßt. Außerdem bietet der flache Kasten Stauraum für Pup-

5

6

7

pen und anderes Zubehör. Für praktische Eltern, die mit Pinsel und Säge umzugehen wissen, ist der Nachbau nicht schwierig.

Folgendes Material wird benötigt: 1 Bühnenfront aus einer Tischlerplatte mit 111 × 150 × 1,9 cm; 2 Seitenteile aus einer Tischlerplatte mit 55 × 111 × 1,9 cm; 1 Rosette aus einer Tischlerplatte mit 150 cm Durchmesser, 1,9 cm Dicke; 1 Bühnenbrett aus einer Tischlerplatte mit 107 × 26 × 1,9 cm; 3 Ablagen/Rahmenteile aus einer Tischlerplatte mit 107 × 10 × 1,9 cm; 2 Seitenrahmen aus einer Tischlerplatte mit 111 × 10 × 1,9 cm; 2 Innenseiten aus einer Tischlerplatte mit 57 × 10 × 1,9 cm; 3 Böden aus einer Tischlerplatte mit 83,5 × 10 × 1,9 cm; 2 Ablagen aus einer Tischlerplatte mit 50 × 10 × 1,9 cm; 2 Steckleisten aus Massivholz mit 50 × 5 × 1,0 cm; 2 Blendleisten aus einer Tischlerplatte mit 50 × 9 × 1,9 cm; 2 Futterleisten aus Massivholz mit 50 × 4 × 1,0 cm; 2 Klavierbänder (Fertigfabrikat) 100 cm lang; 1 Vorhangstange aus Messingrohr mit einem Durchmesser von 20 mm; 1 Kulissenstange aus Rundeisen 180 cm lang und einem Durchmesser von 8 mm; 2 Vorhänge aus rotem Samt 60 × 75 cm; 1 Kulissenvorhang aus Satin 250 × 80 cm.

Außerdem benötigen Sie ca. 60 Schrauben 5 × 50 mm, ca. 30 Stück 2 × 15 mm; weißen Holzleim; Holzgrundierung (1 kg); Lack (je 1 kg weiß, rot, gelb und blau); 1 Tube Universal-Spachtel; 1 Rolle Kreppband schwach gekreppt; Tackerklammern; 2 Rosetten als Halterung für die Vorhangstange (Messing); Nähgarn.

Arbeitsanleitung

1. Die einzelnen Teile werden mit einer Stichsäge sauber zugeschnitten.

2. Danach werden die einzelnen Teile zusammengeschraubt.

3. Die Seitenklappen werden mit dem Korpus durch ein Scharnierband verbunden. Kleinere Leisten brauchen nicht geschraubt, sondern können auch getackert werden.

8

4. Wie die einzelnen Teile zusammengehören, zeigt die Schemazeichnung.

5. Die Teile müssen leicht ineinanderpassen und dürfen nicht klemmen.

6. Danach erfolgt die Grundierung und anschließend die endgültige Farblackierung.

7. Wobei die einzelnen Farbflächen durch ein Kreppband voneinander sauber getrennt werden.

8. Unser Kasperletheater ist fertig.

1

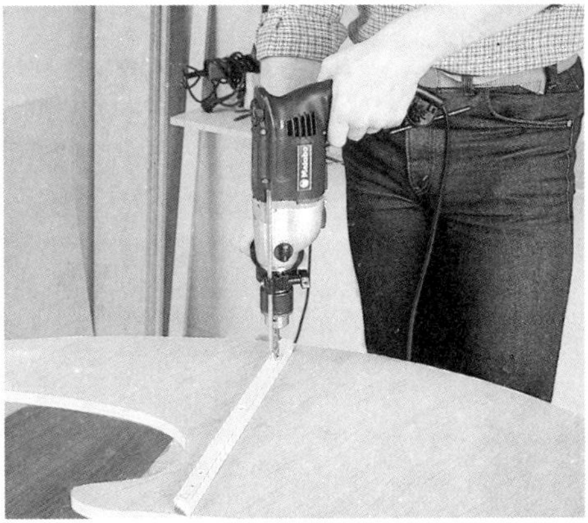

2

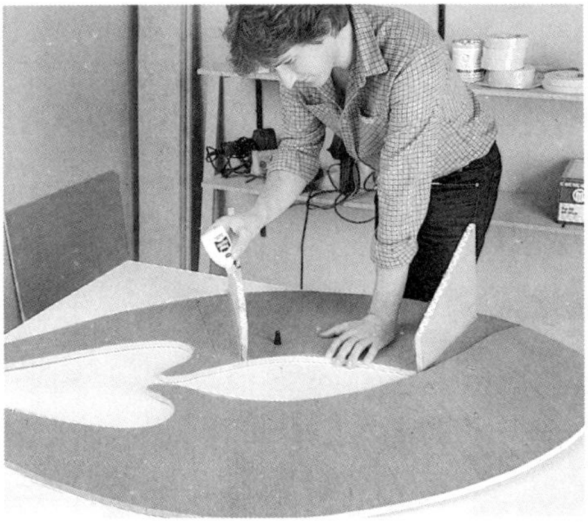

3

Ein lustiger Schaukeldelphin

Material
Tischlerplatte, Rundhölzer, Holzleisten, PVC-Handlauf, Lack, Kleber.

Werkzeug

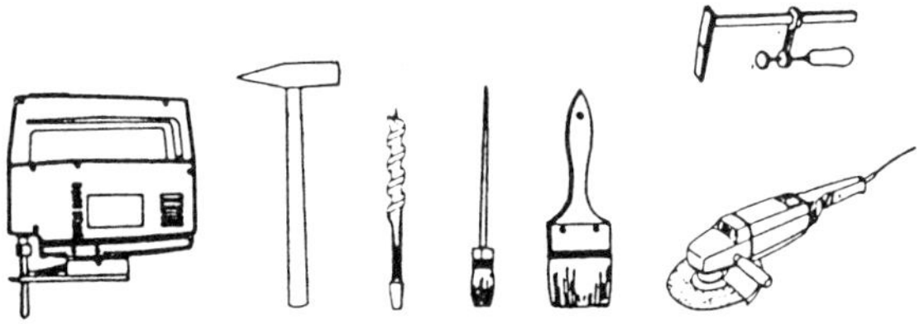

Schwierigkeitsgrad

Kraftaufwand

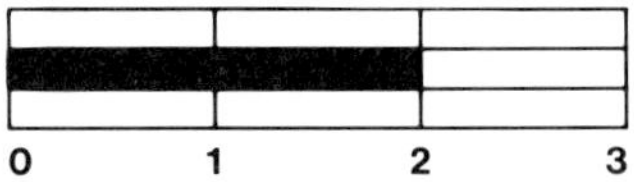

Arbeitszeit
Sie müssen mit ca. 15 Stunden rechnen.

Ersparnis
Sie sparen durch Eigenleistung ca. 300 DM.

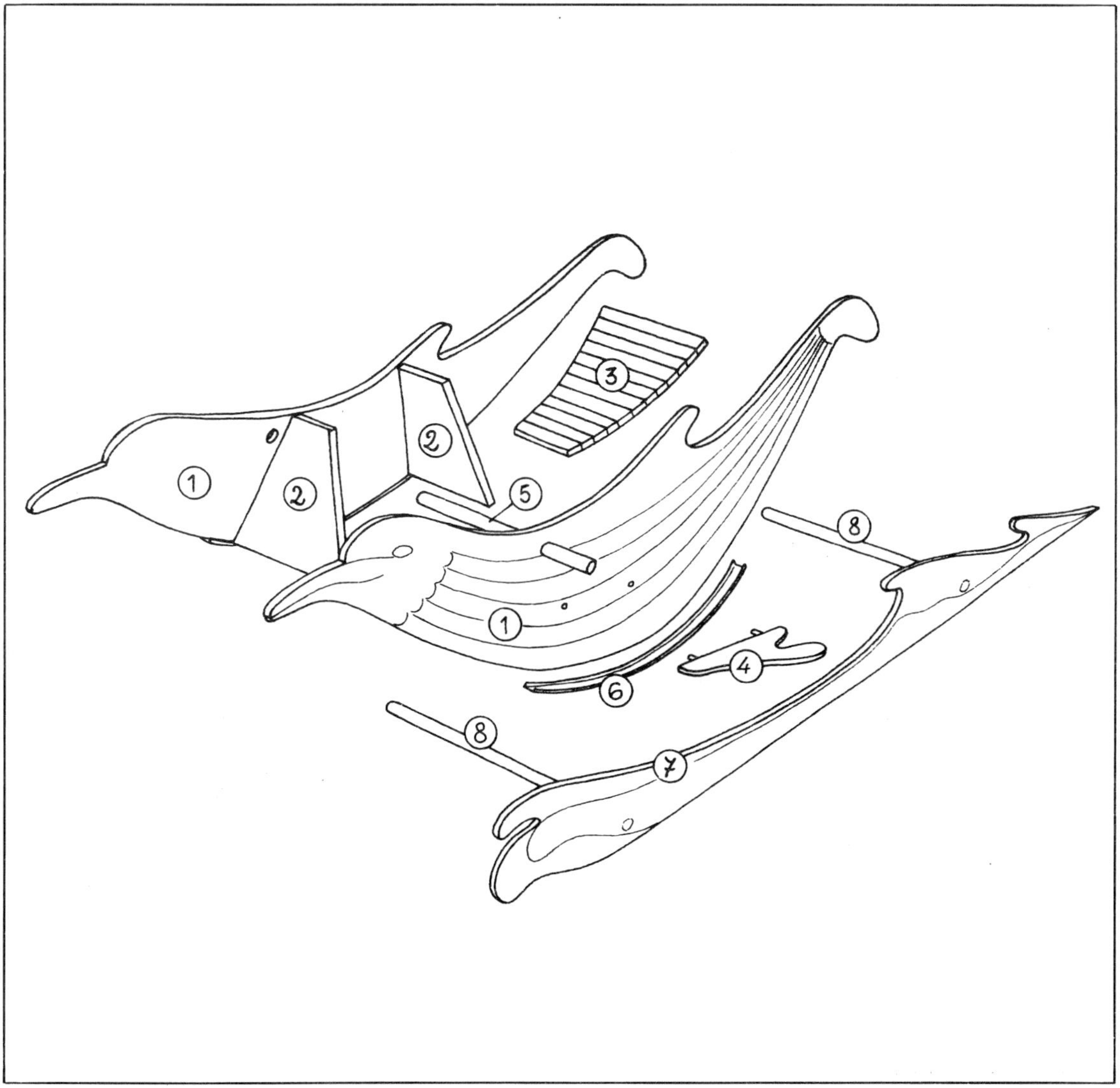

4

Die Zeit, als Kinderspielzeug wie Schaukelpferde oder Kaspertheater von Eltern oder Großeltern selbstgebaut und Jahr für Jahr mit Pinsel und Farbe aufgefrischt von Generation zu Generation weitergegeben wurden, scheint im Zeitalter von Plastikspielzeug und Elektronik endgültig vorbei zu sein. Aber dieser Eindruck täuscht. Gerade die alten Holzspielzeuge feiern heute eine nicht zu übersehende Renaissance in den Spiel-

5

6

7

zeugläden und Eltern mit praktischem Geschick lassen heute so manchen Klassiker aus ihrer Kinderzeit in neuem Gewand auferstehen. Dazu gehört auch dieser Flipper, der an die Stelle des guten alten Schaukelpferdes getreten ist. Die angegebenen Maße sind Richtmaße. Sie richten sich jeweils nach der Größe des Kinderzimmers oder danach, ob das Gerät im Freien benutzt werden soll. In dieser Größe eignet es sich sehr gut als Gartenspielgerät. Wenn Sie es als Gartenspielgerät benutzen, können Sie allerdings keine Tischlerplatte als Baumaterial benutzen, sondern müssen wasserfest verleimtes Sperrholz verwenden und darüber hinaus auf wasserfeste Lackfarben zurückgreifen. Ansonsten ist die Verarbeitung die gleiche. Wollen Sie das Spielgerät verkleinern, brauchen Sie beim Gitternetz nur einen anderen Maßstab zu wählen.

Arbeitsanleitung

Die Konturen des Delphins werden mit Hilfe eines 15 × 15-Zentimeter-Gitternetzes von der Zeichnung, die Sie sich anhand unserer Schemazeichnung (Abb. 4) anfertigen können, auf eine 180 × 60 Zentimeter große Tischlerplatte übertragen, deren Deckfurnier parallel zur Schmalseite verläuft. Die billigere Spanplatte ist in diesem Fall nicht verwendbar, da sonst das Spielgerät für Kinder zu schwer wird.

1. Die so markierte Tischlerplatte wird auf eine zweite gleichgroße Platte gelegt und mit Schraubzwingen zusammengespannt. Mit der Stichsäge wird nun die Figur konturgenau und deckungsgleich ausgesägt. Zum Festhalten dient eine 20 Millimeter starke Holzstange aus Buchenholz. Bei der Montage werden die Seitenteile mit einem 20 Millimeter-Holzbohrer durchbohrt.

2. – 3. Seitenteile und Trapezspanten, die für den nötigen Abstand der beiden Seitenteile sorgen, werden mit verleimten Holzdübeln verbunden. Für deckungsgleiche Bohrungen sorgt eine entsprechend vorgebohrte Hilfsleiste (Abb. 2). Der Tiefenanschlag der Bohrmaschine wird so eingestellt, daß die Dübel 12 Millimeter tief in den Seitenteilen sitzen.

Vor dem Aufleimen der Sitzleisten sollte man die Kanten dieser vorgehobelten Leisten mit Schleifpapier abrunden. Danach werden sie dann aufgeleimt und mit versenkten Drahtstiften vernagelt.

4. Unsere Explosionszeichnung veranschaulicht den Aufbau. Die Seitenteile (1) werden durch die Trapezspanten (2) und die Buchenholzstange (5) wie beschrieben miteinander verbunden. Der Sitz (3) aus vorgehobelten Leisten gibt dem Ganzen zusätzliche Stabilität. Sicheren Halt für die Füße geben die eingedübelten Fußrasten (4). Zur Geräuschdämmung und um empfindliche Fußbodenbeläge zu schonen dient ein PVC-Handlauf (6).

Aus den Resten der Platte, aus denen der Delphinkörper gesägt wurde, kann zusätzlich ein Grundgestell gesägt werden (7), das ebenfalls durch zwei Buchenrundleisten (8) verbunden wird. Stellt man den Schaukeldelphin zwischen dieses Grundgestell, verhindern die Rundleisten ein unbeabsichtigtes zu weites Vor- oder Rückkippen.

5. Im Rohbau ist unser Schaukelflipper jetzt bereits fertig. Vor dem Lackieren werden alle Holzflächen wie üblich noch einmal gründlich geschliffen und gegebenenfalls die Kanten etwas gebrochen.

6. Jetzt können Sie das Spielgerät in der Grundfarbe weiß lackieren.

7. Als Fußrasten werden zusätzlich zwei Flossenstummel an den Korpus geleimt und zusätzlich durch Holzdübel verstärkt. Sie bieten sicheren Halt für die Füße.

8. Die passende Lackierung gibt dem Ganzen den letzten Pfiff.

Zum Schutz von Teppichböden und anderen empfindlichen Bodenbelägen, sowie auch zur Geräuschdämpfung, wird ein schmaler PVC-Handlauf unter die Kufen geklebt. Da er später ziemlich viel aushalten muß, ist hier eine besonders sorgfältige Klebung angebracht.

8

9

10

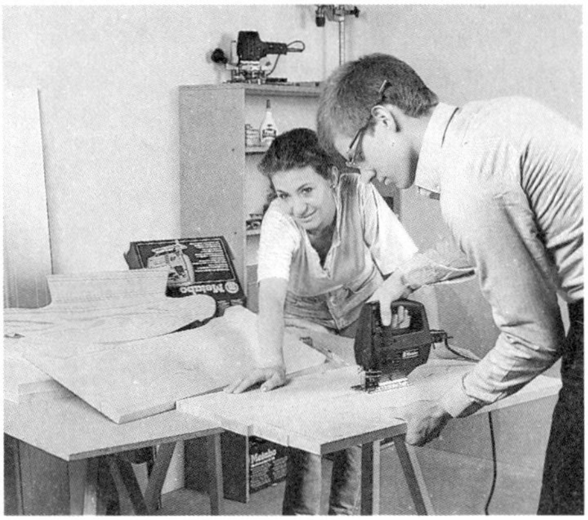

1

2

3

Puppenwiege und Pflanzentrog

Material
Leimholz, Holzdübel, Weißleim, Schrauben, Profilholzlasur, Kreppband.

Werkzeug

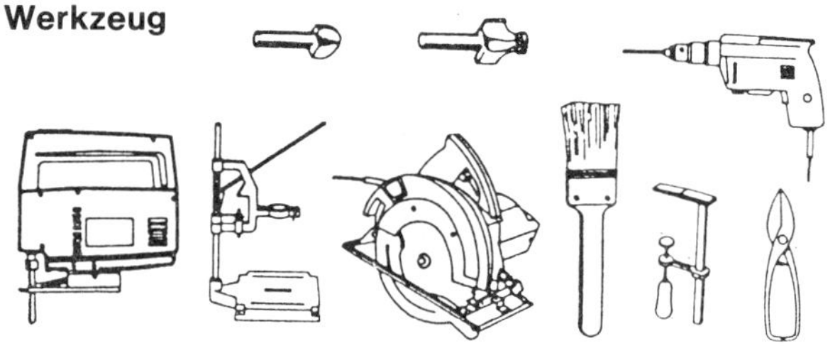

Schwierigkeitsgrad

Kraftaufwand

Arbeitszeit
Einschließlich aller Vor- und Nebenarbeiten benötigen Sie ca. 30 Stunden.

Ersparnis
Je nach Ausführung sparen Sie zwischen 300 und 600 DM.

Auch bei vielen Heimwerkern schlägt das Herz mehr und mehr für Natur, und so gibt mancher bei der Materialwahl dem zwar teureren aber dafür auch ausdrucksvolleren Massivholz den Vorzug. Von seiner schönsten Seite zeigt sich Holz, wenn man es entweder im Naturzustand beläßt, nur wachst oder beizt bzw. lasiert – und, wenn man seine lebendige Struktur durch Profilierung hervorhebt. Ideales Werkzeug hierzu ist eine Oberfräse, die durch Abrunden von Kanten und das Einfräsen von Profilen dem Holz Tiefe verleiht und sein sonst verborgenes Inneres wirkungsvoll zur Geltung bringt.

Ein klassisches Objekt für den Einsatz einer Oberfräse ist der Selbstbau einer Wiege, die man sowohl als stilvolles Kinderbettchen benutzen als auch einer jungen Puppenmutter damit eine Freude machen kann. Auch als Dekorationsstück macht sich eine selbstgebaute Wiege aus Massivholz sehr gut. Man kann sie im Wohnzimmer als Behältnis für Lesestoff oder auch für ein paar gute Flaschen Rotwein verwenden, aber auch mit Hydrokulturen bestückt zum Raumschmuck machen.

Arbeitsanleitung

1. Basismaterial für unsere selbstgebaute Wiege ist ein 26 oder 30 Millimeter dickes Leimholz. Alle Einzelteile werden mit einem weichen Bleistift auf das Holz übertragen und konturgenau ausgeschnitten.

2. Für die geschwungenen Konturen ist eine elektronisch regelbare Pendel-Stichsäge ideal. Sie wird mit einem feinschnittigen Sägeblatt für Massivholz bestückt.

Der rechteckige Wiegenboden wird am besten auf der Tischkreissäge zugeschnitten, wobei die Längskanten entsprechend der Neigung der Seitenteile angeschrägt werden. Wenn alle Einzelteile zugeschnitten sind, beginnen Sie mit der Oberflächengestaltung mit Hilfe einer Oberfräse.

3. – 4. Seitenteile und Kopfenden werden zunächst mit der Oberfräse an den nach dem Zu-

4

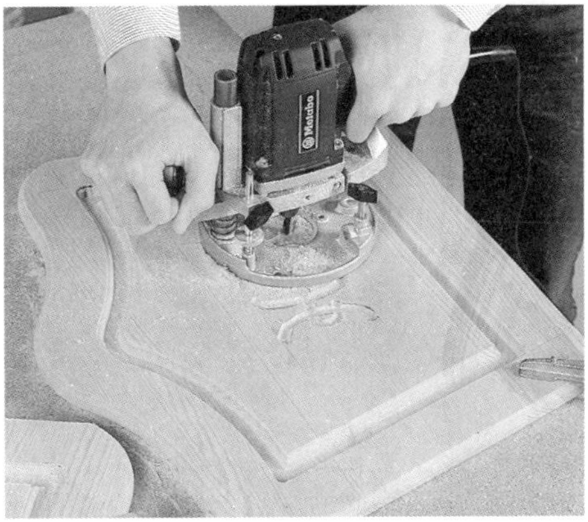

5

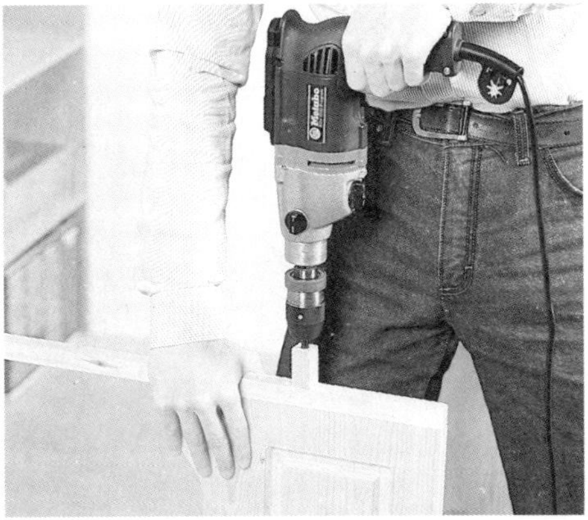

6

7

8

9

sammenbau freiliegenden Kanten profiliert. Wir wählten einen Fräser, der einen kleinen Stufenfalz mit daran anschließendem 90 Grad-Bogen (Viertelstababfräser mit Anlaufzapfen). Wichtig ist, daß beim Kantenfräsen das jeweilige Werkstück sicher auf der Werkbank fixiert ist. Schraubzwingen dabei so setzen, daß sie beim Fräsen nicht hinderlich sind.
Als nächstes werden die Kassettenflächen ausgearbeitet. Hierzu dient ein Profilfräser. Wir wählten eine 90 Grad-Rundung in Form einer Hohlkehle mit einem feinen Stufenfalz an der Oberkante. Damit die Kassette auch wirkt, ist eine bestimmte Breite der ausgearbeiteten Profilierung unerläßlich. Falls diese nicht automatisch durch den verwendeten Fräser entsteht, kann man sich mit einem Kunstgriff helfen. Hierzu wird eine gerade Leiste gegen die Außenkante des Werkstückes gespannt und der Führungsschlitten der Oberfräse daran entlanggeführt. Allerdings funktioniert dieses Verfahren nur bei geraden Kanten. Oft ermöglicht aber auch der Verstellbereich des Anschlages ein Nachfräsen mit dem entsprechenden Abstand, um die Profilbreite zu vergrößern.

5. Ein Schmuckornament in Form eines Herzens oder einer stilisierten Blume wie auch ein Monogramm ist eine wirkungsvolle Gestaltungsmöglichkeit für die Spiegelflächen der beiden Kopfteile. Hierzu dient ein kleiner Hohlkehlenfräser oder ein zylindrischer Fräser mit abgerundeter Unterseite.

6. – 7. Kopf- und Seitenteile des Wiegenkastens werden mit 8-Millimeter-Buchenrunddübeln unter Zugabe von Weißleim verbunden. Dabei erhält man deckungsgleiche Bohrungen durch Verwendung einer Bohrlehre, die man auch aus einer dickeren Leiste selbst herstellen kann. Sie wird am besten mit der in den Bohrständer eingespannten Bohrmaschine mit exakt rechtwinkligen Bohrungen versehen und auf die zu bohrenden Teile aufgelegt. Da auf schmalen Kanten der Tiefenanschlag selten eine ausreichende Auflage findet, kann man sich elegant und einfach helfen, indem man einen Leistenabschnitt längs durchbohrt und von dieser Leiste ein Stück absägt, das gerade den Bohrer noch so weit freiläßt, wie Dübellochtiefe und Bohrlehrenstärke zusammen betragen.

7. Dann können Sie mit Hilfe von Holzdübeln und Weißleim die Teile miteinander verbinden.

8. Die beiden Schaukelkufen werden anschließend innen gegen die Stirnflächen geschraubt. Auch hier wird Weißleim angegeben, bevor diese Teile angeschraubt werden. Die Schrauben sollten gut versenkt werden, damit man sich später nicht beim Staubwischen oder, wenn die Wiege als Puppenwiege gedacht ist, beim Spielen verletzen kann. Der Wiegenboden wird entsprechend der Schräge der Seitenteile der Wiege leicht konisch zugeschnitten und findet auf den Oberkanten der Kufen Auflage. Er wird hier verleimt oder ebenfalls mit Senkkopfschrauben verschraubt. Die Oberflächenbearbeitung der jetzt schon im Rohbau fertigen Wiege erlaubt vielfältige Varianten.

9. Am wirkungsvollsten ist eine Oberflächenbehandlung, die den Holzcharakter hervorhebt und damit zugleich die Wirkung der Profilierung betont. Wir wählten aus diesem Grunde Profilholzlasur in einem schönen hellen Eichenton. Sie wird mit einem ovalen, weichen Spezialpinsel gleichmäßig aufgetragen, wobei man in der Regel in Richtung des Maserungsverlaufes streicht. An den Profilkanten und Einfräsungen ist darauf zu achten, daß hier keine Läufer entstehen.

10. Man kann allerdings auch die Wiege deckend farbig lackieren, wie es unsere zweite Ausführung demonstriert. Hierbei haben wir das rohe, feingeschliffene Holz mit Holzschutzgrund grundiert.

11. Anschließend werden alle erhabenen Flächen in einem kräftigen Blauton vorgestrichen.

12. – 13. Die Profilierungen lassen sich durch Absetzen in einer Kontrastfarbe effektvoll hervorheben. Wir wählten ein leuchtendes Rot, mit dem wir alle Vertiefungen auslegten. Die Randkontu-

10

11

12

13

14

ren und Abgrenzungen zu den blauen Flächen gelingen sauber und perfekt, wenn man die Farbabgrenzungen mit feingekrepptem Krepp abklebt. Beim Auslegen der Profile ist darauf zu achten, daß der Pinsel stets gut am Dosenrand ausgestrichen wird, damit nicht zuviel Lack aufgetragen wird. Die Kreppstreifen werden abgezogen, wenn der Lack anzuziehen und eine leichte Haut zu bilden beginnt.

14. Wer will, kann der farbig gestalteten Wiege zum guten Schluß mit Abziehbildern einen zünftigen Schmuck mit Bauernmalerei-Motiven verleihen. Sie werden aufgeklebt, wenn der Lack gut durchgetrocknet ist.

15. – 17. So schön kann die fertige Wiege aussehen und für Vielerlei Verwendung finden und Platz bieten.

Wir sagten bereits, daß eine solche Holzwiege sehr vielseitig verwendbar ist. Soll daraus ein **Pflanzentrog** werden, ist es empfehlenswert, die Wiege innen mit einem dünnen Blecheinsatz zu versehen. Dazu fertigen Sie sich zunächst aus dünner Pappe eine Schablone nach den Innenmaßen an. Die Höhe richtet sich nach der Oberkante des Seitenteils minus einen Zentimeter. Diese Schablone legen Sie nun auf dünnes Eisenblech, das Sie in der passenden Größe in einer Schlosserei oder bei einem Klempner kaufen können. Mit einer Blechschere werden dann die nach der Schablone aufgezeichneten Teile ausgeschnitten. Die etwas gewellten Schnittkanten mit einem Hammer wieder in Form bringen.

Abschließend werden die Einzelteile mit einem Lötkolben zusammengelötet. Da der Umgang mit Metall und Lötkolben nicht jedermanns Sache ist, kann man sich einen solchen Einsatz natürlich auch nach Maß von einem Klempner anfertigen lassen.

15

16

Spitzpaß auf!
MixMax
Das große Unternehmen erdgas
PUZZLE
Ravensburger
280
EUROPAREISE

17

Koffer für kleine und große Leute

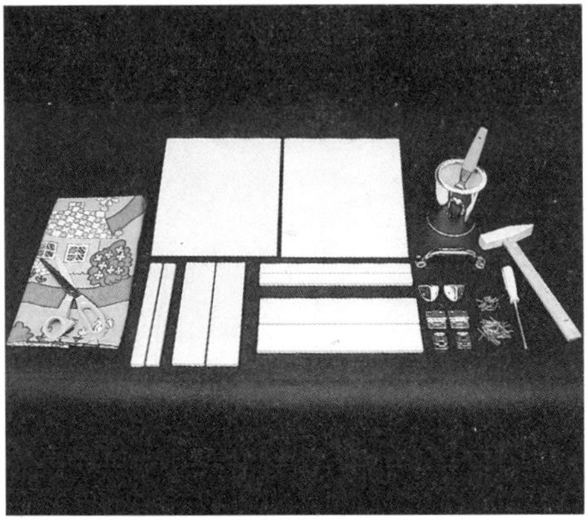

1

2

3

Material
Sperrholz, Holzleisten, Klavierband, Metallgriffe, Schnappverschlüsse, Metallecken, Beschläge, Sandpapier, Beizen, Dekorationsmaterial, Kleber.

Werkzeug

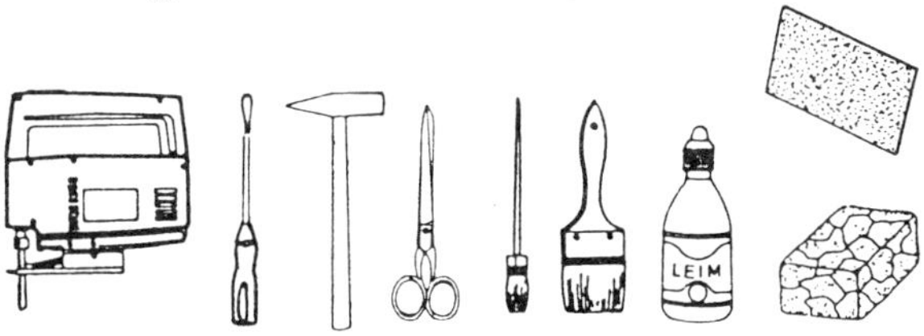

Schwierigkeitsgrad

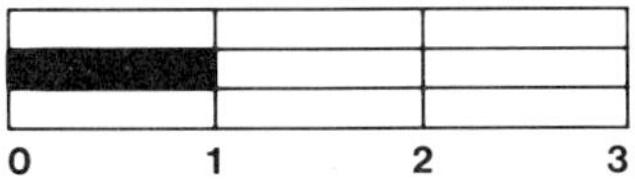

Kraftaufwand

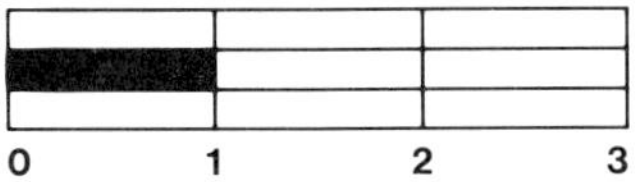

Arbeitszeit
Sie müssen mit einem Zeitaufwand von ca. 4 Stunden rechnen.

Ersparnis
Durch Eigenleistung sparen Sie zwischen 50 und 100 DM.

Eine Damenhandtasche oder einen Schulranzen mit der Säge zu bauen, ist sicher eine Heimwerkerarbeit, die nicht jeden Tag vorkommt. Wenn jedoch das Ergebnis so lustig und überraschend ausfällt wie in unserem Fall, sollte man es ruhig einmal versuchen, zumal, wenn es so einfach geht.

Arbeitsanleitung

1. Hier haben Sie das gesamte Zubehör noch einmal auf einem Blick zusammengestellt. Zuerst werden die Leisten und Sperrholzbretter für die gewünschte Tasche in den angegebenen Maßen (siehe Abb. 12 und 13) entweder mit einem feinzahnigen Sägeblatt, einer Stichsäge oder einer feinen Holzsäge zugeschnitten. Bei den naturholzfarbenen Taschen, die nicht durch Stoff oder andere Materialien kaschiert werden und bei denen es auf besonders saubere Sägeschnitte ankommt, kleben Sie einen Tesafilmstreifen über die Markierung, bevor Sie zu sägen beginnen. So verhindern Sie, daß die Schnittkanten ausfasern.

2. Leimen Sie jetzt die äußeren Ecken des Rahmens mit Holzleim zusammen und kleben Sie ihn auf das Sperrholzbrett. Bekommt der Rahmen später einen Überzug, können Sie ihn auch mit feinen Drahtstiften festnageln (vgl. dazu auch die Abb. 12 und 13).

3. Jetzt wird der Korpus sehr sorgfältig mit mittlerem und dann mit sehr feinem Sandpapier abgeschliffen. Bei dem naturfarbenen Koffer muß die Oberfläche absolut glatt sein und sich seidenweich anfühlen, wenn man mit den Fingerkuppen darüber fährt.

4. Jetzt nageln oder leimen Sie die Seitenteile mit dem Deckbrett zusammen. Sie haben nun, sofern Sie sorgfältig gearbeitet haben, zwei genau aufeinander passende Teile. Geringfügige Unebenheiten können jetzt

4

5

6

7

8

noch nachträglich mit Sandpapier abgeschliffen werden, und damit ist die Hauptarbeit, die Herstellung des Korpus, bereits fertig.

5. Nun beginnt die Feinarbeit, nämlich die verschiedenartige Gestaltung der Oberfläche des Koffers und später der Zusammenbau.

Naturfarbige Gestaltung

6. Die beiden Hälften werden mit einem nassen Lappen abgewischt und nach dem Trocknen noch einmal geschliffen und gründlich abgestaubt. Achten Sie dabei besonders auf Winkel und Ecken, wo sich der Schleifstaub leicht festsetzt.

Dann beizen Sie beide Teile in einem Farbton Ihrer Wahl. Besonders fein wirkt eine Palisander- oder Mahagonibeize. Verwenden Sie für diese Arbeit wasserlösliche Holzbeize, denn nach dem Trocknen werden die Flächen mit mehreren Schichten Klarlack überzogen. Achten Sie darauf, daß jede Schicht erst völlig getrocknet sein muß, bevor die nächste aufgetragen werden kann, damit Sie glatte Oberflächen erhalten.

Gestaltung mit Stoffen

7. – 8. Das Aufbringen des Stoffes erfolgt mit synthetischem Harzleim, dem eine kleine Menge Wasser hinzugefügt wurde. Dadurch ergibt sich eine milchige Substanz, die gut umgerührt werden muß. Dieser verdünnte Kleber wird jetzt mit einem Pinsel gleichmäßig auf die äußeren Seiten der Kästen aufgetragen. Über die Klebefläche wird der Stoff gelegt. Danach tragen Sie auf den Stoff eine zweite Schicht Kleber auf. Gut glattstreichen! Alle Falten und Bläschen müssen restlos verschwinden.

Drehen Sie jetzt den Kasten um, schneiden Sie den Stoff so an den vier Ecken ein, als ob Sie – wie früher in der Schule – ein Buch mit Papier einschlagen wollen und ziehen Sie den Stoff stramm über die Seitenteile. An den Innenkanten wird der Stoff mit Wäscheklammern straff gespannt. Nach dem Trocknen – lieber etwas länger warten! – werden die Außenseiten mit drei Schichten Klarlack überzogen.

Gestaltung mit Zeitungen

9. – 10. In diesem Fall grundieren Sie die Holzoberfläche vorher mit einer Grundierfarbe. Ansonsten verfahren Sie genau so wie bei der Stoffbespannung.

Lackieren mit Farbe

11. Auch hier muß das Holz vorher grundiert werden. Ansonsten wie üblich mit vergilbungsfreiem Acryllack lackieren.

Endverarbeitung

Beide Kofferhälften werden mit einem Scharnierband (Klavierband) verbunden. Die Beschläge –Schlösser und Handgriffe – können Sie beim Lederwarenfachhandel beziehen. Sehr poppig sehen allerdings auch Schubladen- oder Kommodenhandgriffe aus. Verschlossen wird der Koffer in diesem Fall mit kleinen Messingüberfällen, wie man sie, allerdings wesentlich größer, für Keller- oder Bodentüren benutzt.

Verwenden Sie für alle Variationen grundsätzlich nur 4-Millimeter-Sperrholz, da sonst die Taschen oder Koffer zu schwer werden. Auch sollten Sie bei der Stoffbespannung kein zu schweres Material verwenden. Ein dicker Brokatstoff sieht zwar sehr schön aus, läßt sich jedoch nur schwer verarbeiten und löst sich zu leicht an den schmalen Kanten.

12. – 16. Hier stellen wir Ihnen noch einige „Koffer-Variationen" vor. So ein Koffer eignet sich nicht nur hervorragend als pfiffige Schultasche Ihrer Kinder, sondern auch als ganz persönliches Geschenk für Ihre Freunde.

Noch ein Tip

Nach genau dem gleichen System wie hier beschrieben, können Sie sich natürlich auch größere Koffer anfertigen. Das ist besonders für solche Leute interessant, die einen Campingurlaub als bevorzugtes Freizeitvergnügen betrachten. Da solche Koffer zentimetergenau nach Maß gefertigt werden, kann auch der kleinste Stauraum noch ausgenutzt werden.

9

10

11

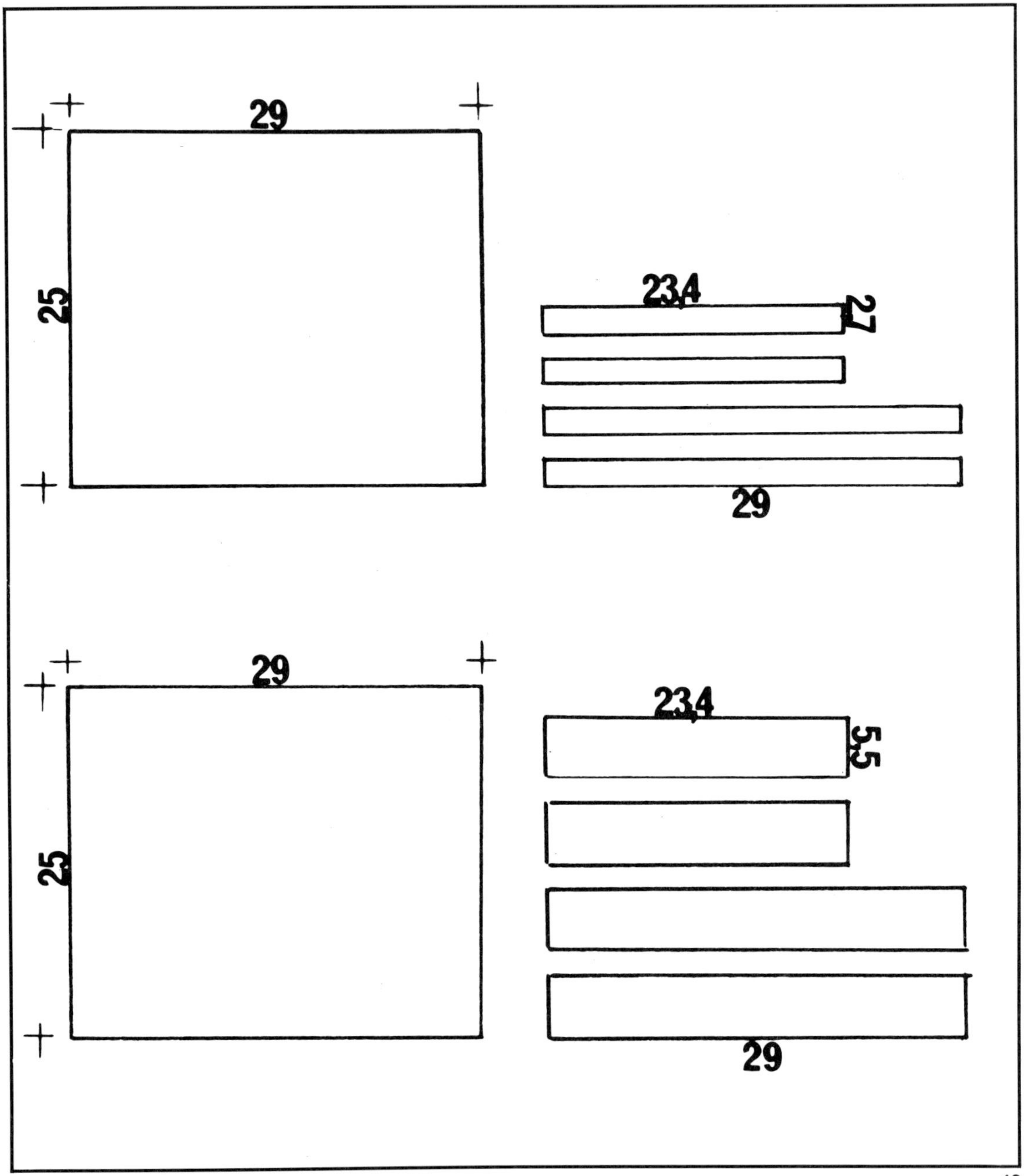

12

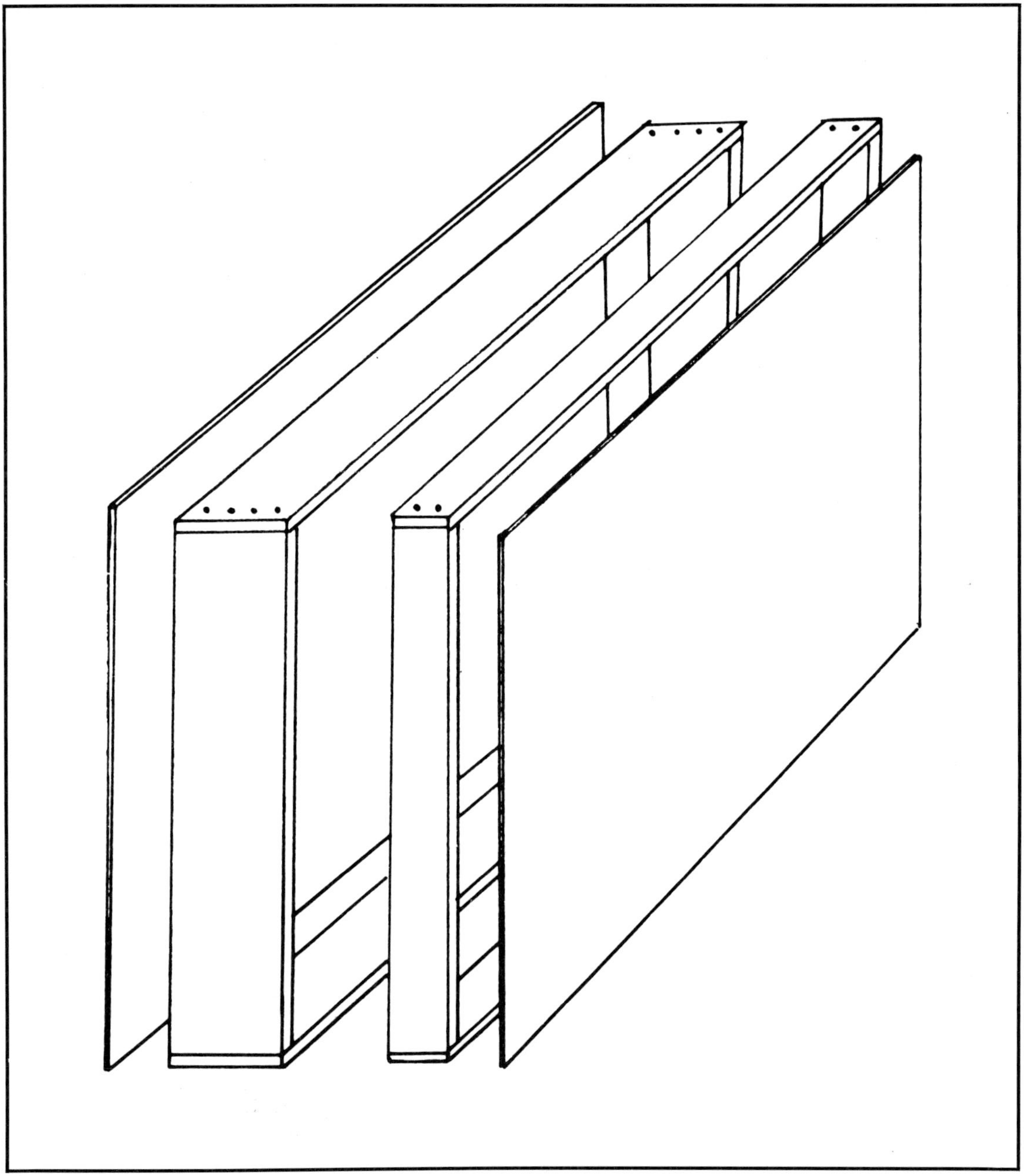

13

14

16

15

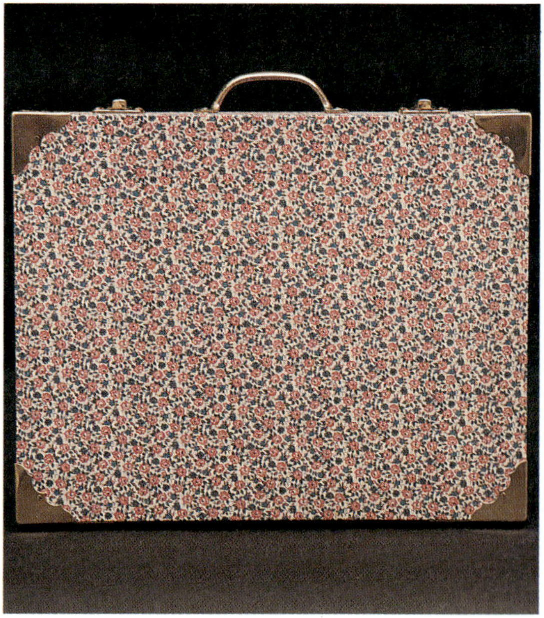

17

18

1

2

3

Accessoires fürs Kinderzimmer

Material
Sperrholzplatten in verschiedenen Stärken, Haken, Schrauben, 2 kleine Glasplatten, Vierkant-Lack in verschiedenen Farben, Leisten.

Werkzeug

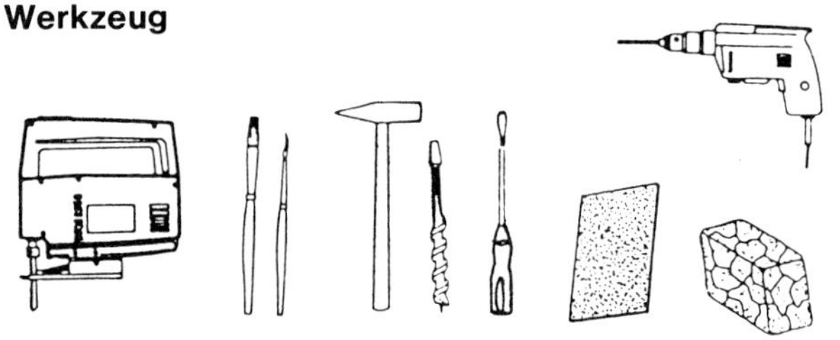

Schwierigkeitsgrad

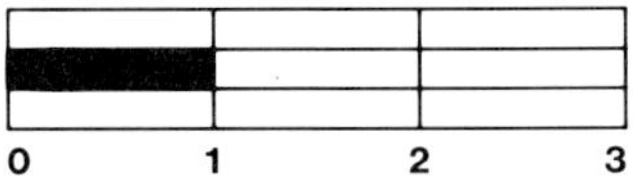

Kraftaufwand

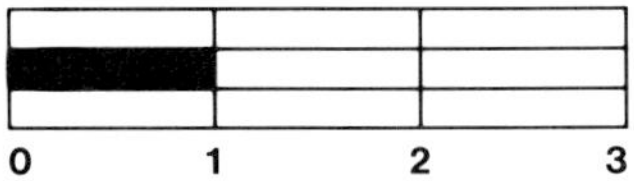

Arbeitszeit
Pro Accessoire benötigen Sie ungefähr zwei Stunden.

Ersparnis
Durch Eigenleistung sparen Sie im Durchschnitt ca. 30 DM.

Arbeitsanleitung

1. Die überdimensionierten Bleistifte sind in erster Linie als Dekoration gedacht. Sie werden aus einer 10-Millimeter-Sperrholzplatte mit der Stichsäge ausgesägt. Da es hier kaum Kurven gibt, macht auch die Zeichnung keine Schwierigkeiten.

2. Genauso einfach ist die Herstellung der Eule, die in unserem Fall als Schlüsselbrett dient.

3. Das Material für den Papagei ist noch dünner. Hierfür brauchen wir nur 4-Millimeter-Sperrholz und eine Vierkantleiste, auf der der Vogel sitzt. Zuerst werden die Vögel aufgezeichnet, ausgesägt und die Kanten sauber abgeschliffen. Das untere Ende wird mit einem Gewicht versehen, das den Vogel austariert. Den richtigen Schwerpunkt finden Sie durch probieren. Als Gewicht können Sie zusammengeklebte Unterlegscheiben aus Metall sehr gut verwenden.

4. Jedes Bild und jedes Foto wird mit einem Rahmen zu einem doppelt so wertvollen Geschenk.
Für ein 20 × 20 Zentimeter großes Foto oder für eine gleichgroße Zeichnung benötigen Sie zwei einfache Glasscheiben 20 × 20 Zentimeter groß. Dazu zwei Holzleisten, 28 Zentimeter lang und 3,3 × 3,3 Zentimeter stark. Dazu zwei Schrauben mit Muttern. Das Bild wird zwischen die beiden Glasscheiben gelegt und unten mit den verschraubten Holzleisten zusammengehalten.

5. Zum Schluß noch eine Maltafel, die auch als Notiztafel benutzt werden kann. Die Rückseite besteht aus Sperrholz. Die untere Leiste aus massivem Vierkantholz. Die Löcher für die Farb-oder Bleistifte werden einfach von oben in das Holz gebohrt und dann das Vierkantholz auf die Tafel geleimt. Die obere Leiste, der Papierhalter, wird mit zwei Flügelschrauben befestigt. Da die Flügelmuttern auf Grund ihrer Größe auf der Rückseite des Brettes vorstehen, wird der Abstand am unteren Ende des Brettes durch entsprechend starke Holzklötzchen ausgeglichen, die auf der Rückseite angeleimt werden.

4

5

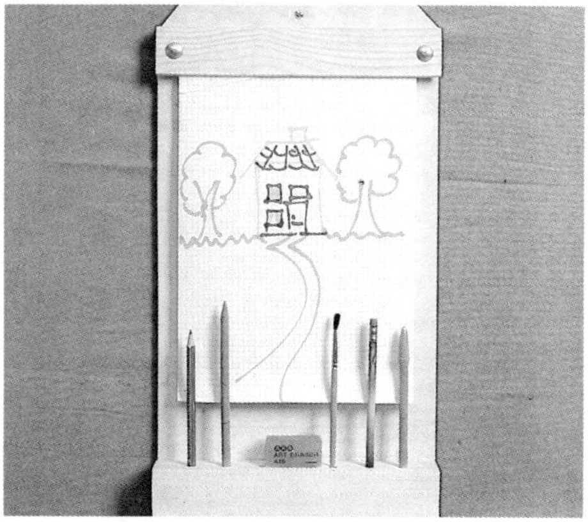

6

1

2

3

Gestalten mit Holz und Kork

Material

Korkplatten, Holzleisten, Spanplatten, Klarlack, Nägel, Vierkanthölzer, Korkkleber.

Werkzeug

Schwierigkeitsgrad

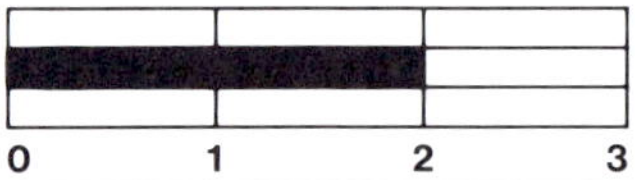

Kraftaufwand

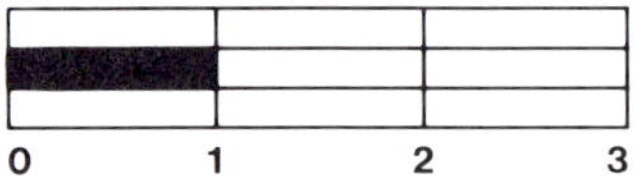

Arbeitszeit

Für das Set benötigen Sie etwa 1 Stunde, für den Tisch ungefähr 10 Stunden.

Ersparnis

Durch Eigenleistung sparen Sie zwischen 20 (Set) und 300 (Tisch) DM.

Kork – Sie kennen dieses Material von Boden- und Wandbelägen. Es ist ein attraktives Material, das auch noch andere Anwendungen finden sollte. Außerdem ist es leicht zu verarbeiten und preiswert in der Anschaffung.

Arbeitsanleitung

Ein Tisch aus Span- und Korkplatten

Sie brauchen dazu eine Spanplatte mit 19-Millimeter-Stärke, 135-Zentimeter-Länge und 105-Zentimeter-Breite für die Tischplatte; Leisten für die Tischplatte mit 16-Millimeter-Breite und 32-Millimeter-Stärke; für den Sockel 4 Spanplatten 16 Millimeter stark, 70 Zentimeter hoch und 45 Zentimeter breit; Zierleisten für die Beine 66 Millimeter hoch und 8 Millimeter dick.

1. Unsere Abbildung zeigt Ihnen das gesamte Zubehör auf einen Blick.

Zunächst schneiden Sie aus der Spanplatte die Tischplatte und die vier Teile für den Tischfuß zu. Die Platten für den Tischfuß werden verleimt und vernagelt, auf die Unterseite der Tischplatte kommen zwei Leisten, die genau in die obere Öffnung des Tischfußes passen und so ein Verrutschen der Tischplatte verhindern.

2. Danach werden die Spanplattenoberflächen mit Kork verklebt. Dafür ist ein besonderer Korkkleber erforderlich.

3. Nach dem Abbinden, wenn der Kork fest auf der Platte sitzt, werden die überstehenden Kanten mit einem scharfen Cuttermesser abgeschnitten.

4. Jetzt werden die Leisten zugeschnitten. Am besten nehmen Sie dazu eine Gehrungslade und eine Feinsäge, damit die Leisten sauber im Winkel zusammenstoßen. Abschließend werden alle Kanten noch einmal sauber geschliffen.

5. Zum Schluß die Tischplatte mit einer Schicht aus farblosem Hartlack überziehen. Eventuell mehrfach wiederholen, da die ersten Schichten, sofern der Kork nicht vorbehandelt ist, vom Kork aufgesogen werden. So geschützt kann der Tisch auch als Eßtisch benutzt werden.

4

5

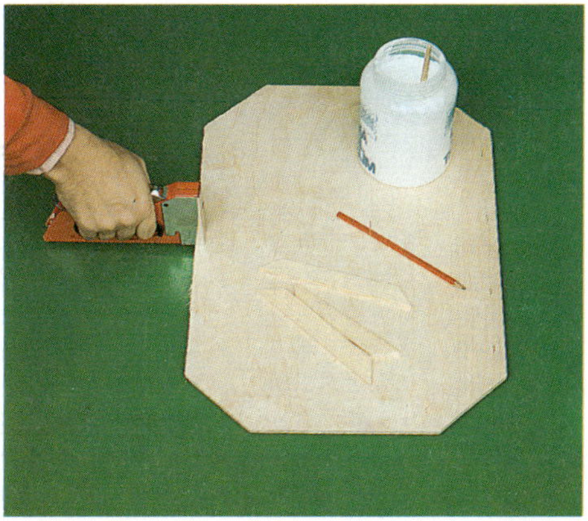

6

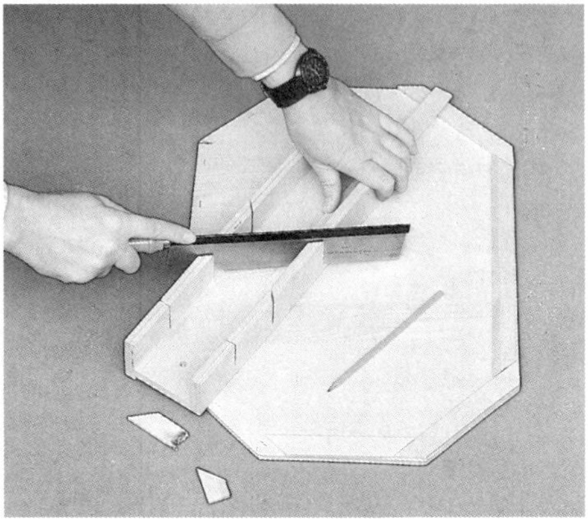

7

8

9

Ein dekoratives Lunchtablett

Sie brauchen dazu eine 4-Millimeter-Sperrholzplatte, 6 Millimeter dick und 19 Millimeter breit, Kiefernleisten, Kontaktkleber, Kunstharzkleber und Korkplatten.

6. Schneiden Sie das Sperrholz nach Maß zurecht. Die Ecken abschrägen und anschließend abrunden.

7. Die Leisten wiederum mit Gehrungslade und Feinsäge nach Maß zurechtschneiden, sie sollen den Rahmen um die Platte bilden. Die Leisten an der Platte mit Kunstharzklebstoff anleimen, jeweils eine Leiste. Die Platte wenden und die Leisten anheften. Auf diese Weise mit jeder Leiste verfahren.

8. Den Rahmen abschmirgeln, glätten und vom Staub säubern.

Die Korkplatte in den Rahmen einsetzen. Das Korkmaterial auf Maß zurechtschneiden, während es im Rahmen verbleibt.

9. Danach die Korkplatte mit Kontaktkleber auf die Platte leimen. Zum Schluß Korken und Rahmen lackieren, so wird das Tablett waschbar.

Die Abbildung 5 zeigt Ihnen, neben Tisch und Set, was man mit Kork und Holz in ähnlicher Arbeitsweise noch alles machen kann.

Zum Beispiel **große Bilderrahmen** können Sie nach dem gleichen Verfahren wie das Lunchtablett herstellen; außerdem Blumentöpfe, Papierkörbe, Schreibunterlagen und Tabletts. Der einzige Unterschied liegt darin, daß wir in der Mitte einen kleinen Extrarahmen gearbeitet haben. Unser Glaser hat 4-Millimeter dickes Glas entsprechend dem Rahmen zugeschnitten. Wenn das Bild im Rahmen angebracht ist, wird das Glas in den Rahmen gedrückt, es muß genau passen.

Ein Wort noch zum **Oberflächenschutz.** Natürlich sieht eine solche Korkfläche naturbelassen am schönsten aus, aber andererseits ist sie so auch am empfindlichsten. Eine Kompromißlösung ist ein Tapetenschutz, den Sie unter der Bezeichnung „Elefantenhaut" in Tapetenfachgeschäften kaufen können.

Kleine Möbel zum Sitzen und Spielen

Material
Sperrholzplatten, Kleber, Holzgrundierung, Lack, Schrauben, Kreppklebeband, Abziehbilder.

Werkzeug

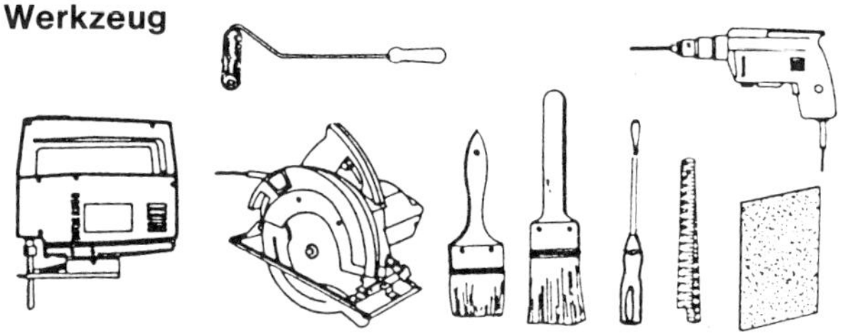

Schwierigkeitsgrad

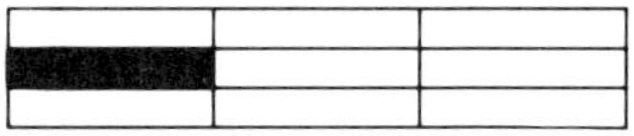

Kraftaufwand

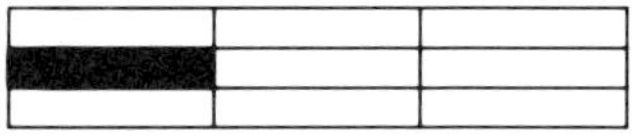

Arbeitszeit
Pro Möbelstück müssen Sie für alle anfallenden Arbeitsgänge mit ca. 4 Stunden rechnen.

Ersparnis
Pro Teil sparen Sie etwa 100 DM.

1

2

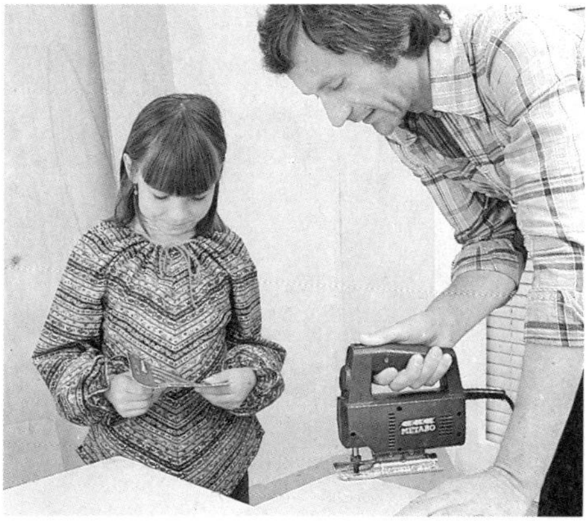

3

4

5

6

Wer ein bißchen Geschick hat, kann durch den Selbstbau von Kinderzimmermöbeln viel Geld sparen und die Einrichtung vor allem nach Bedarf, entsprechend der Größe der Kinder, erweitern und ergänzen. Kindermöbel müssen stabil, robust und funktionell sein. Wenn sie zudem von den Eltern selbst gebaut werden, darf der Aufbau nicht allzu kompliziert sein.

Alle diese Erforderungen erfüllt dieses Kindermöbelsystem, das nur aus quadratischen oder rechteckigen Plattenzuschnitten besteht, die an den Ecken abgerundet sind. Das Material ist relativ preisgünstig und vor allem überall erhältlich. Tische, Stühle und Regal bestehen aus leicht zu bearbeitendem und zugleich stabilem, mehrfach verleimtem Sperrholz. Selbstverständlich könnte man es auch aus dem wesentlich preiswerten Spanplattenmaterial herstellen, im täglichen Gebrauch wird es jedoch wesentlich schneller verschleißen.

Je nach Größe der Kinder empfiehlt sich eine Materialstärke von 10, 13 oder 16 Millimeter. Die einfache Bauweise erfordert wenig Zeitaufwand und erlaubt es zudem, die Möblierung des Kinderzimmers jederzeit bei Bedarf ohne weiteres zu ergänzen.

Besonders praktisch sind die Sitzmöbel, die in drei verschiedenen Positionen jeweils unterschiedliche Sitzhöhen bieten. Der eigentliche Sitz ist bei den hier vorgestellten Möbeln in 20 Zentimeter Höhe über dem Boden angeordnet. Stellt man den Sessel auf den Kopf, liegt die Sitzhöhe 30 Zentimeter hoch. Die Rückenlehne ist senkrecht zum Sitz eingebaut und verläuft zehn Zentimeter gegen die Hinterkante der Seitenteile nach vorn versetzt. Wird diese Seite nach oben gedreht, hat man einen Hocker von 40-Zentimeter-Sitzhöhe oder aber auch ein kleines Tischchen zum Spielen. Wenn die Kinder dieser Größe entwachsen sind, lassen sich nach dem gleichen Prinzip auch größere Möbel mit einer Kantenlänge von 60 statt 50 Zentimeter bauen.

Ein hübscher Nebeneffekt liegt darin, daß man mit diesen Möbeln auch hervorragend spielen kann. In der kindlichen Phantasie werden drei solcher kleinen Sessel und Tischchen leicht zu einer Lokomotive, zum Feuerwehrwagen oder zur Ladentheke.

Arbeitsanleitung

1. Mit einem weichen Bleistift werden zunächst die auszusägenden Teile auf die Platte gezeichnet. Dabei unbedingt die Schnittbreite des Sägeblattes berücksichtigen, da sonst die Möbel später schief werden. Wer sich übrigens die Mühe des Zusägens ersparen will oder nicht über die Möglichkeit verfügt, diese etwas sperrige Arbeit zu Hause auszuführen, kann sich die einzelnen Teile auch in Baumärkten mit Zuschneideeinrichtungen fertig zuschneiden lassen. Da es sich nur um rechteckige Stücke handelt, wird es hier kaum Probleme geben. Die abgerundeten Ecken werden mit einem passenden Gegenstand, auf unserem Foto mit der Abdeckkappe einer Spraydose, markiert und dann mit der Stichsäge zugesägt.

2. Damit, bei eigenem Zuschnitt, die längeren Sägeschnitte auch genau gerade verlaufen, wird am besten eine Leiste mit Zwingen auf die Sperrholzplatte gespannt, an deren Oberkante Sie die Handkreissäge entlangführen. Einen sauberen, ordentlichen Schnitt erzielen Sie mit einem hartmetallbestückten und teflonbeschichteten Sägeblatt.

3. Die Rundungen an den Ecken müssen mit einer Stichsäge freihändig gesägt werden.

4. Die Kanten der Einzelteile werden nach dem Sägen geschliffen und dabei gleichzeitig gebrochen, d. h. etwas abgerundet.

Die abgerundeten Kanten sind nicht nur angenehmer für Kinderhände, sondern sie verhindern auch, daß hier später der Lack abblättert.

Wie die einzelnen Teile jetzt zusammengefügt werden, richtet sich ganz nach Temperament und Charakter des jeweiligen Heimwerkervaters.

Methode 1: Die Kanten werden mit Kontaktkleber eingestrichen, zusammengepreßt und zusätzlich

7

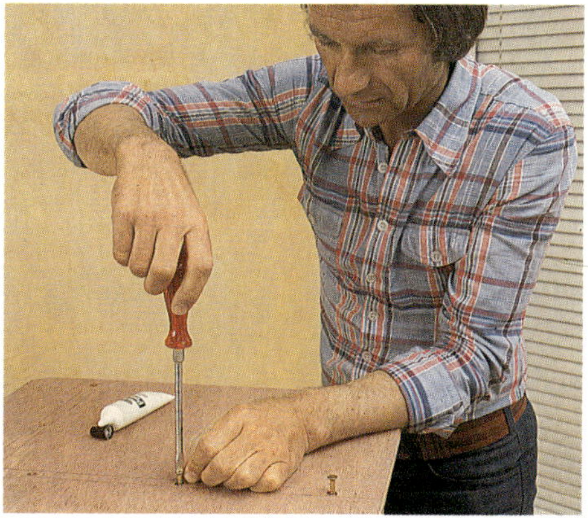

8

9

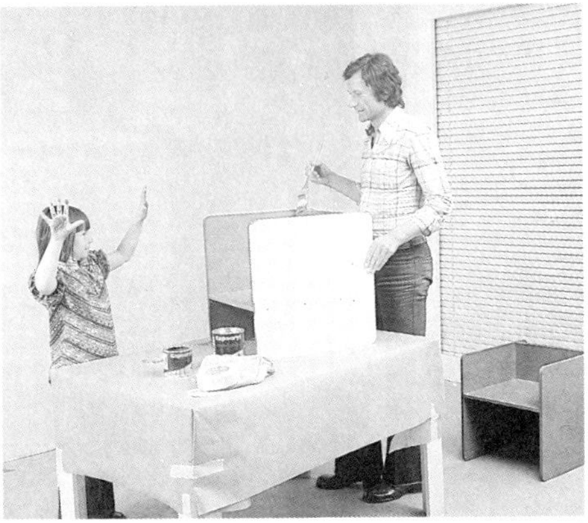

10

11

12

vernagelt. Eine Methode für Väter, die es eilig haben und schnell einen Erfolg sehen wollen.

Methode 2: Beginnt wie oben beschrieben, es werden nur statt der Nägel Schrauben benutzt, eine schon etwas professionellere Art.

5. – 8. Methode 3: Statt mit Nägeln oder Schrauben erfolgt der Zusammenbau mit Holzdübeln (wie auf Seite 25 beschrieben) und Leim, eine sehr professionelle Art, die Stabilität verspricht.

Alle drei Verbindungen jedoch reichen für eine normale Belastung aus.

9. – 10. Die fertig montierten Möbel können nun mit Holzgrundierung vorbereitet und schließlich in der gewünschten Farbe lackiert werden. In unserem Fall haben wir einen Acryl-Dispersionslack verwendet, der sich besonders leicht verarbeiten läßt, geruchsarm ist und vor allem nicht versprödet, so daß der Lack auch dann nicht abspringt, wenn es im Kinderzimmer einmal hoch hergeht.

11. Wer es besonders bunt und lustig mag, verziert seine Möbel noch mit leicht aufzuklebenden Abziehbildern, eine Arbeit an der auch Ihre Kinder ihre Freude haben.

12. Und so sieht das fertige Kindermöbelsystem in voller Funktion aus.

Die hier beschriebenen Möbel haben nicht nur ein langes Leben im Kinderzimmer, sondern auch noch einen darüber hinausgehenden Zusatznutzen. Auch wenn die Kinder herausgewachsen sind, brauchen sie nicht auf dem Sperrmüll zu enden. Sie sind so dauerhaft, daß sie, abgebeizt und mit einem entsprechenden neuen Anstrich versehen, anschließend eine neue Karriere als Beistelltischchen, Blumenpodeste oder ähnliches auf Balkon oder Terrasse beginnen können. In diesem Fall ist jedoch ein dauerhafter, wetterfester Anstrich empfehlenswert, damit das Sperrholz im Regen nicht aufquillt.

Gerade bei Kinderzimmermöbeln sollten Sie nur das beste Material kaufen, denn Sie werden mehr als jedes andere Möbelstück strapaziert.

Ein richtiges Haus

Material

Vierkanthölzer (mit verschiedenem Querschnitt), Nut-Feder-Bretter, Dachlatten, wasserfestes Sperrholz, verzinkte Metallwinkel, Schrauben, Nägel, Holzschutzmittel, -grundierung, Lacke.

Werkzeug

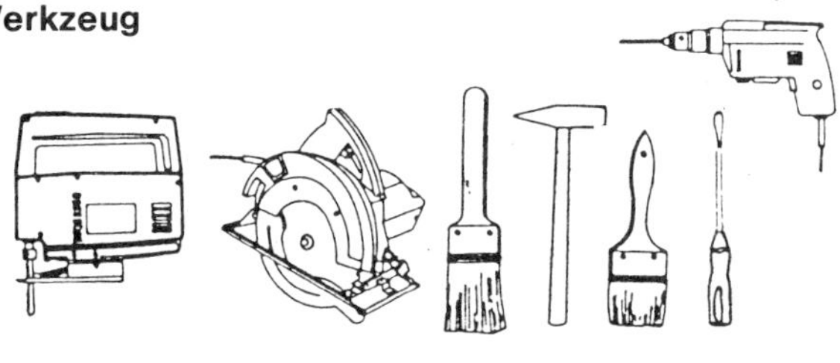

Schwierigkeitsgrad

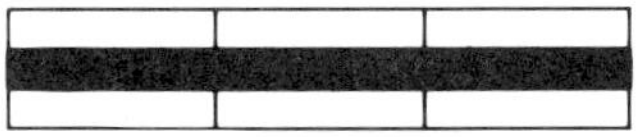

Kraftaufwand

Arbeitszeit

Je nach Geschicklichkeit benötigen Sie mit allen Vor- und Nebenarbeiten zwischen 60 und 80 Stunden Arbeitszeit.

Ersparnis

Die im Handel angebotenen Kinderhäuser sind meist sehr teuer. Durch Eigenleistung sparen Sie ca. 500 DM.

1

2

3

4

5

6

Ein Spielhaus im Garten ist der Wunschtraum vieler Kinder. Jungen wie Mädchen begeistern sich für ein eigenes Haus, das zahlreiche Spielmöglichkeiten bietet und den Kindern eine eigene kleine Welt beschert. Wer ein bißchen Platz im Garten hat und seinen Kindern eine Freude machen will, sollte einen Eigenbau wagen. Wer mit Bohrmaschine und Handkreissäge umzugehen weiß und nicht gerade zwei linke Hände hat, wird es sicher schaffen, nach unserer Anleitung eine Gartenvilla für den Nachwuchs zu bauen. Unser Spielhaus wurde auf einer 1 × 2 Meter großen Plattform errichtet und mißt 1,60 × 1,00 Meter im Grundriß. Die Firsthöhe beträgt gemessen von der Oberkante der Plattform bis zur Giebelspitze ebenfalls 1,60 Meter. Die senkrechten Seitenwände des hübschen Häuschens sind 1,10 Meter hoch.

Arbeitsanleitung

Damit unsere „Villa" auch in feuchten Jahreszeiten trocken bleibt, wird sie am besten als Pfahlbau geplant. Wir haben sie auf sechs massive 8 × 8-Zentimeter-Kanthölzer gesetzt, die intensiv mit Karbolineum imprägniert und genau senkrecht ausgerichtet im Mittenabstand von je einem Meter einbetoniert wurden. Von der Gesamtlänge von 70 Zentimeter verschwinden 60 Zentimeter im Boden bzw. Beton. Die Fundamentlöcher messen etwa 40 × 40 Zentimeter und werden nach dem Ausrichten der Pfähle mit Beton gefüllt, der durch Stampfen verdichtet wurde.

1. Das Sägen der dicken Balken fällt mit der leistungsfähigen Handkreissäge leicht. Die große Schnittiefe verlangt es, daß man von beiden Seiten sägt, wozu ein genaues Anzeichnen erforderlich ist.

2. Wenn der Beton abgebunden hat, kann die eigentliche Plattform gebaut werden. Ihre Unterkonstruktion besteht aus 6 × 6 Zentimeter starken Kanthölzern, von denen wir zwei von 2-Meter-Länge und fünf 1 Meter lange Stücke benötigen. Sie werden nach dem Zuschneiden intensiv mit Imprägniergrund behandelt. Er schützt das Holz vor Wind und Wetter, Sonne, Pilzbefall und Schädlingen. Am besten werden die Balken zweimal satt gestrichen. Besonders bei den Schnittflächen auf eine gute Tränkung des Holzes achten.

3. Anschließend werden zunächst die beiden langen Balken mit stabilen, rostgeschützten Winkeln an den Pfosten verschraubt. Wenn sie sitzen, nageln wir mit schräg einzuschlagenden langen verzinkten Nägeln den vorderen und hinteren Querbalken auf. Dazwischen kommen drei weitere Querstreben, die einen gleichen Abstand von 42,5 Zentimeter zueinander wie auch zu den beiden zuerst angenagelten Querhölzern haben. Das Deck entsteht aus 7,5 Zentimeter breiten Nut-Feder-Brettern, die mit der Handkreissäge auf genau 2 Meter abgelängt und anschließend ebenfalls zweimal imprägniert werden. Man nagelt sie mit verzinkten Nägeln auf den Rahmen auf, wobei die Nagelköpfe sorgfältig zu versenken sind, damit sich die Kinder beim Herumrutschen im Gartenhaus nicht verletzen und ihre Kleidung nicht zerreißt.

4. Die notwendige Stabilität erhält unser Spielhaus durch seine massiven Giebelrahmen aus 6 × 6-Zentimeter-Kanthölzern. Zunächst sägen wir je vier Hölzer von 1,10 Meter Länge und dann vier weitere genau 1 Meter lang. An den Enden reißen wir jeweils 6 Zentimeter von der genau winkligen Schnittkante eine Linie an, entlang der wir die Enden der Hölzer genau 3 Zentimeter tief einsägen. Mit der auf diese Schnittiefe eingestellten Handkreissäge gelingt dies im Handumdrehn. Von der Stirnseite her sägen wir nun die Hölzer genau so ein, daß ein exakt 3 Zentimeter dicker und 6 Zentimeter breiter Teil stehenbleibt. So lassen sich die Rahmenteile unter Leimzugabe sauber überplatten.

5. Nach sorgfältigem Prüfen der Rechtwinkligkeit mit dem Winkel und durch Messen der Diagonalen, die gleichlang sein müssen, werden die durch Zwingen zusammengehaltenen Rahmenteile zusätzlich mit verzinkten, schräg einzuschlagenden

7

8

9

10

11

12

Nägeln fixiert, um so festen Halt zu garantieren. Ebenfalls überplattet werden die im Giebelpunkt rechtwinklig zusammentreffenden Giebelhölzer, die ebenfalls 6 × 6 Zentimeter messen und eine Länge von 95 Zentimeter haben. Zur Erleichterung der Giebelmontage nageln wir nun eine gerade 1,60 Meter lange Latte als Richtholz genau mittig in Längsrichtung auf den rechteckigen Frontrahmen, der anschließend so auf die bereits verbundenen Giebelhölzer gelegt wird, daß die Spitze der Richtlatte und der Punkt, wo die Giebelhölzer zusammenstoßen, zusammenfallen. Der Winkel zwischen dem waagerechten Rahmenholz des Frontrahmens und den beiden Giebelhölzern muß beidseitig genau 45 Grad betragen. Damit die Giebelhölzer sich in dieser Position mit dem Frontrahmen vereinigen lassen, müssen wir noch zwei rechtwinklige Einschnitte in die Innenseiten der Giebelhölzer sägen. Wenn wir genau gearbeitet haben, liegt die Mitte dieser Einschnitte gemessen in der Mittellinie der Giebelhölzer genau 70,7 Zentimeter vom oberen Ende entfernt.

Wenn alles paßt, werden Frontrahmen und Giebelhölzer sorgfältig miteinander vernagelt. Der zweite Rahmen für die hintere Hauswand wird auf die gleiche Art deckungsgleich gebaut. Hierbei dient der erste als Muster.

Der Frontgiebel erhält im lichten Abstand von 50 Zentimeter noch zwei senkrechte Holme, die genau symmetrisch angebracht werden und den Türausschnitt markieren.

6. – 8. Die beiden fertigen Giebelrahmen können nun mit Nut-Feder-Brettern beplankt werden, die mit verzinkten Nägeln durch die untere Nutwange aufgenagelt werden.

9. Anschließend werden sie, genau parallel ausgerichtet, mit langen Holzschrauben auf der Plattform angeschraubt. Damit sie nicht durch Windeinfluß umgerissen werden können, sollte man beide Giebel mit angenagelten Dachlatten gegeneinander abstützen. Auch zwei diagonale Dachlattenstreben, die seitlich vom Unterbau der Plattform ausgehen, sind nützlich.

10. Als nächstes werden vier 148 Zentimeter lange Vierkanthölzer (6 × 6 Zentimeter) abgelängt, von denen je zwei an den Längskanten des Häuschens auf die Plattform geschraubt werden. Solide verzinkte Metallwinkel schaffen eine zusätzliche Verbindung mit den senkrechten Giebelrahmenteilen. Die beiden übrigen Hölzer werden genau waagerecht ausgerichtet mit ebensolchen Winkeln genau in Höhe des Dachansatzes angeschraubt. Als Firstbalken wird schließlich noch ein 5 × 5 Zentimeter langes Vierkantholz von unten in den oberen Winkel der schrägen Giebelbalken genagelt.

11. Im Abstand der 35 × 35 Zentimeter großen Fensteröffnungen müssen wir nun noch auf beiden Längsseiten des Hauses vier senkrechte Dachlatten zwischen die waagerechten Rahmenhölzer setzen. Sie werden verleimt und zusätzlich vernagelt. Als Fensterbank wird außerdem zwischen die senkrechten Fensterholme noch ein 35 Zentimeter langer Quersteg aus einem Dachlattenzuschnitt aufgesetzt.

12. Nach Aufnageln von je zwei Dachbalken auf beiden Seiten (2,5 × 5 × 95 Zentimeter) ist der Rohbau fertig. Jetzt können die Seitenwände mit Nut-Feder-Brettern verkleidet werden. Wer will, kann zuvor noch das Rahmenwerk zweimal imprägnieren. Die Nut-Feder-Bretter werden an die Rahmenteile angehalten und mit der notwendigen Längenmarkierung versehen, nach der sie dann mit der Handkreissäge abgelängt werden. Beim Zusammenfügen von Nut und Feder ist darauf zu achten, daß die Bretter gleichmäßig tief ineinandergreifen, damit die Verbretterung nicht schräg verläuft. Gelegentliches Messen kann daher auf keinen Fall schaden.

Wenn die Seitenwände verkleidet sind, muß noch die Tür gebaut werden. Sie erhält einen Dachlattenrahmen, der mit entsprechenden Nut-Feder-Brettzuschnitten verkleidet und mit Scharnieren am

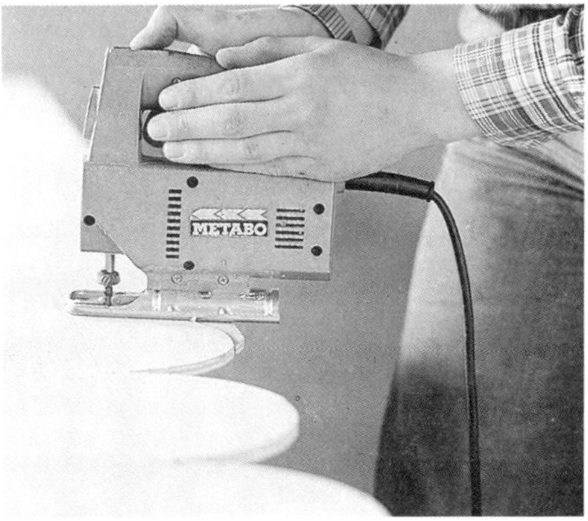

13

14

15

16

17

18

Türpfosten angeschlagen wird. Magnetschnapper halten die Tür zu, falls man nicht sogar ein Schloß vorsehen will.

13. Jetzt kann schon Richtfest gefeiert werden, denn nur das Dach fehlt jetzt noch an unserer kleinen Gartenvilla. Ein romantisches Schindeldach entsteht aus 20 Streifen wasserfestem Sperrholz, je zehn für jede Dachseite. Jeder Streifen ist 20 Zentimeter breit und 207 Zentimeter lang. Eine Längskante erhält jeweils Bogenausschnitte mit einem Radius von 9 Zentimeter. Das ergibt elfeinhalb Halbkreise auf die volle Länge. Das Aussägen gelingt mit der Stichsäge sauber und mühelos. Bevor die Schindeln aufgenagelt werden können, sollten sie zunächst noch mit Holzprimer grundiert werden.

14. Während der Trockenzeit können wir auf beiden Dachseiten je zwölf Dachsparren aus gehobelten Dachlatten aufnageln. Wobei auf einen gleichmäßigen Abstand zu achten ist.

15. Sie werden ebenfalls imprägniert und dann grundiert.

16. Mit dem Aufnageln der Dachschindeln beginnen wir an der unteren Dachkante. Die erste Reihe ragt mit ihren Bogenausschnitten gerade über die unterste Dachlatte hinweg. Die zweite wird, die erste halb überlappend, aufgenagelt und zwar so, daß die Mitte ihrer Bogenzungen stets genau dort liegt, wo zwei Bögen der ersten Reihe in einem spitzen Einschnitt zusammenlaufen. Dies erreicht man, indem man die allesamt gleichen Zuschnitte abwechselnd um 180 Grad gedreht (Oberseite nach unten) aufnagelt. Dort, wo die beiden letzten Schindelreihen am First zusammenstoßen, kann man einen Folienstreifen unterlegen, damit das Dach auch dicht ist.

17. – 18. Farben machen alles freundlicher, und das gilt ganz besonders für ein Spielhaus im Garten. Ideal ist ein Anstrich mit Dispersionslack. Dieses Anstrichmaterial schafft einen wetterfesten Schutzfilm mit schönem Glanz. Er läßt das Holz atmen und schützt es trotzdem sehr wirkungsvoll.

19. Zum Schluß kann das Spielhaus mit Dekorbildern noch romantisch verziert werden.

20. Damit unser Spielhaus auch einem tagelangen Landregen zuverlässig standhält, wird das ganze Gebäude zum Schluß noch mit einem dünnen, farblosen Sprühlack überzogen.

21. Jetzt ist das Kinderhäuschen fertig.

Wir haben am Anfang der Arbeitsanleitung von einem Pfahlhaus gesprochen, um die Feuchtigkeit aus dem Boden zu neutralisieren. Leider hat diese Bauweise auch einen entscheidenden Nachteil: Wenn Sie Pech haben, brauchen Sie für Ihr Kinderhaus eine richtige Baugenehmigung, da das Kinderhaus fest mit dem Erdboden verbunden ist.

Grundsätzlich gibt es in der Bundesrepublik drei Möglichkeiten: genehmigungsfreie und anzeigepflichtige Bauvorhaben oder bauliche Veränderungen, für die eine Baugenehmigung erforderlich ist. Die einzelnen Voraussetzungen können wir hier nicht näher behandeln, zumal sie auch noch von Bundesland zu Bundesland verschieden sind. So können Sie ohne Probleme ein 20-Mann-Zelt in Ihrem Garten aufstellen, ohne daß eine Behörde etwas dagegen einzuwenden hat. Eine fest mit dem Haus verbundene Pergola für Ihre Rosenstöcke dagegen kann unter Umständen genehmigungspflichtig sein.

Sie sollten also in jedem Fall vor Baubeginn eine kurze Anfrage an das Bauamt richten. In den meisten Fällen genügt wohl ein telefonischer Anruf. Bei den von uns angegebenen Maßen ergibt sich zwar nur ein umbauter Raum von knapp 2,2 Kubikmetern und ein solches Bauvorhaben ist unseres Wissens nach überall in der Bundesrepublik sowohl anzeige- wie auch genehmigungsfrei. Aber Vorsicht ist besser als ein späterer Abriß.

Sollten Sie das Haus etwas größer bauen wollen, vielleicht weil Sie für mehrere Kinder auch etwas mehr Platz brauchen, dann dürfen Sie das Haus nur transportabel im Garten aufstellen.

19

20

21

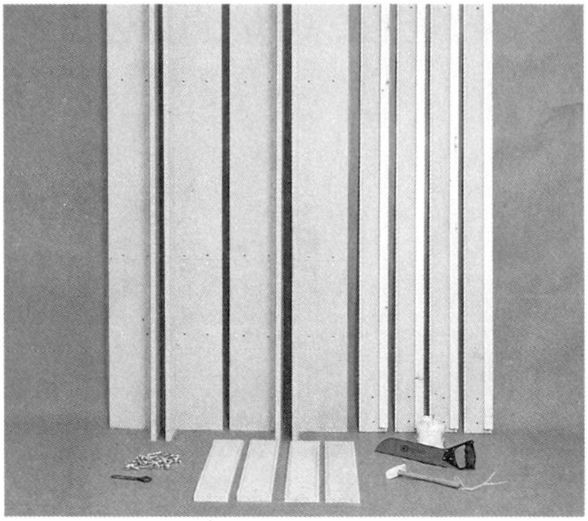
1

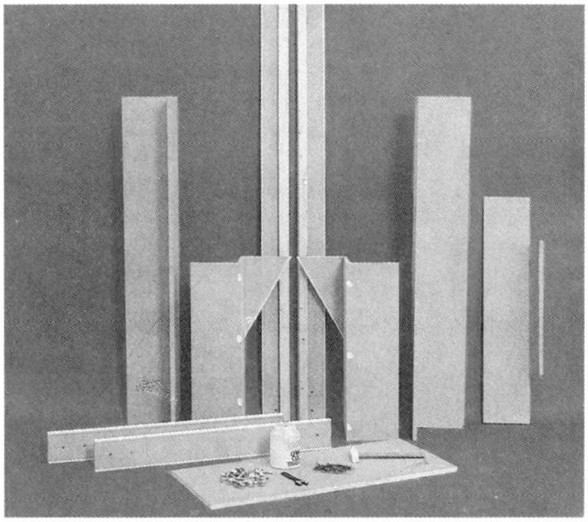
2

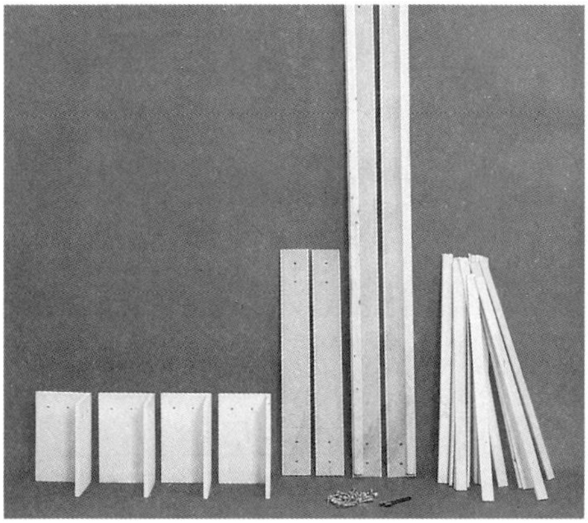
3

Ein Bett für groß und klein

Material
Tischlerplatten, Massivholz, Lattenrost, Aluleiter, Echtholzumleimer, Schrauben, Kleber, Klarlack, Stoff, Lack in verschiedenen Farbtönen.

Werkzeug

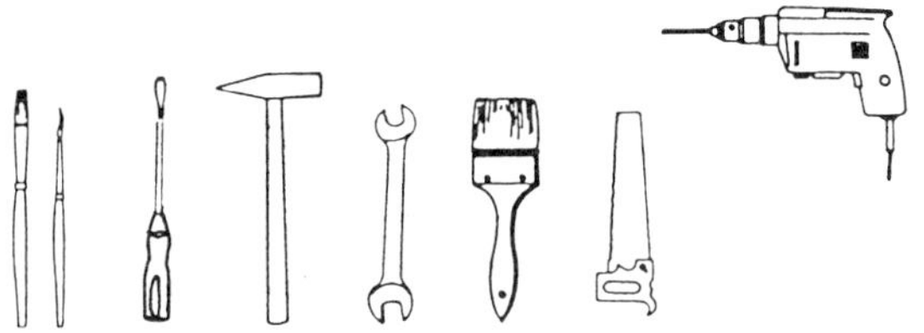

Schwierigkeitsgrad

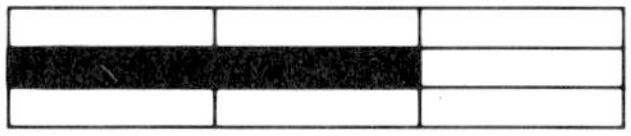

Kraftaufwand

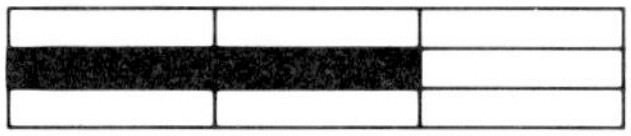

Arbeitszeit
Mit allen Vor- und Nebenarbeiten benötigen Sie ungefähr pro Bett 14 Stunden.

Ersparnis
Durch Eigenleistung sparen Sie etwa 200 DM.

Arbeitsanleitung

1. Im wahrsten Sinne des Wortes vielseitig ist diese Bettkonstruktion, die für Kinder und Erwachsene gleich gut geeignet ist. Die Hochversion (A) (Abb., S. 98) ist die Basis als Hoch- und Doppelbett.

2. Sie kann als Alkovenbett und als Bett mit Kinderschreibtisch dienen.

3. Die Version (B) (Abb., S. 99) ist die Grundlage für ein Einzelbett mit kleineren Variationen. An Material für Bett (A) werden benötigt (TP bedeutet Tischlerplatte, MH Massivholz): 8 Stück 16 Millimeter TP, 20 × 175 Zentimeter für Säulen; 4 Stück 16 Millimeter TP, 12 × 190 Zentimeter Seitenteile; 4 Stück MH 3,5 × 3,5 × 186,8 Zentimeter als Aufleger; 4 Stück 16 Millimeter TP, 12 × 70 Zentimeter für die Kopf-Fußteile. Diese Teile können Sie in jedem Baumarkt fertig zuschneiden lassen.

4. Das Rahmengestell wird entsprechend unserer Zeichnung auf Seite 98 zusammengebaut. Die Aufleger für den Lattenrost (der fertig gekauft werden muß und hier nicht beschrieben ist) wird an der Unterseite der Seitenteile verleimt und zusätzlich verschraubt.

5. – 6. Die Säulen (oder Füße) werden mit den Seitenteilen sowie dem Kopf- und Fußteil mit Mutterschrauben verbunden. Das Oberbett ist über eine Leiter erreichbar. Diese Leiter aus Holz oder Aluminium sollten Sie fertig kaufen.

Die Kanten der einzelnen Holzteile werden vor dem Zusammenbau mit einem Umleimer versehen.

7. Drei Variationen des Hochbettes verdeutlichen die Zeichnungen auf Seite 96. Im ersten Fall wird das Bett mit zwei zusätzlichen rollbaren Staukästen versehen, die ebenfalls aus Tischlerplatte gebaut sind. Die genauen Maße sind aus der Zeichnung ersichtlich.

8. Die zweite Version zeigt ein Alkovenbett, das besonders für Mädchenzimmer geeignet ist. Die 3,5 Zentimeter starke Rundleiste aus Holz wird mit Rohrschellen befestigt oder einfach auf entspre-

4

5

6

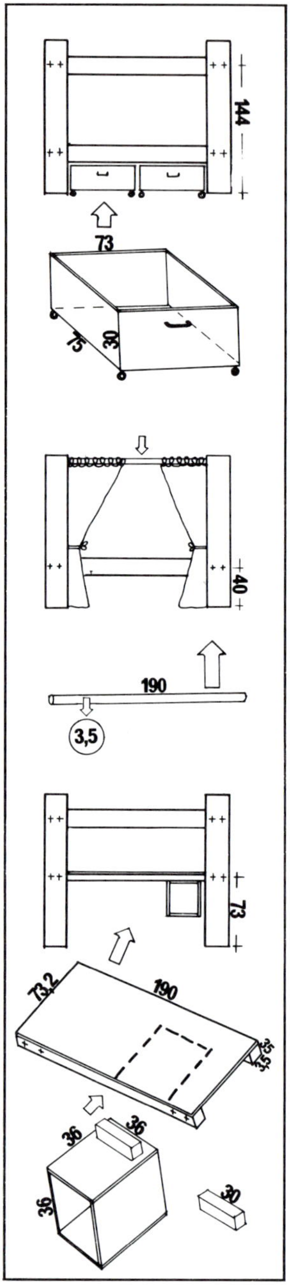

7

8

9

chend große Haken gelegt. Damit die Leiste seitlich nicht wegrutschen kann, ist dies eine sichere Befestigung.

9. Die dritte Variante zeigt eine ebenfalls recht interessante Konstruktion, da hier zwei Funktionsbereiche – Schlafen und Arbeiten – zusammengefaßt sind.

Die Arbeitsplatte besteht in diesem Fall nicht aus einer Tischlerplatte, sondern aus einer kunststoffurnierten Spanplatte, 16 oder 18 Millimeter stark. Sie wird an den beiden Längsseiten durch eine Leiste aus gehobelter Dachlatte entsprechend den Maßen verstärkt. Für die Ablagebox, die aus dem gleichen Material besteht, genügen 12 Millimeter. Die Kanten werden in der üblichen Weise mit Umleimer versehen. Das kurze Stück (30 Zentimeter) Dachlatte wird auf die Oberseite der Box und dann gegen die hintere Verstärkungslatte geschraubt.

10. – 12. Die Abbildungen zeigen weitere Möglichkeiten auf, wie man das einfache Einzelbett (Abb. 6) weiter problemlos verändern kann.

10

11

12

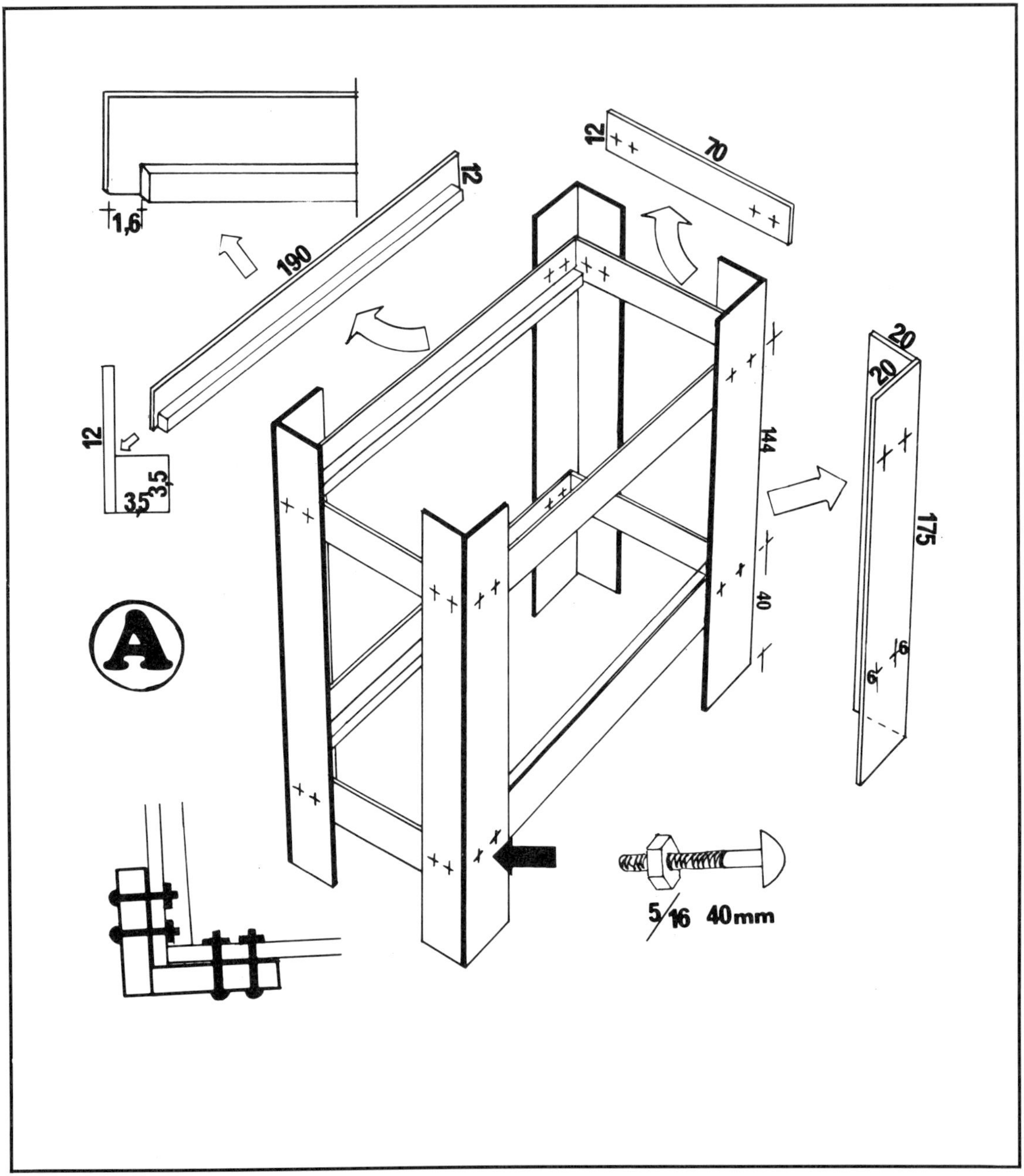

Schemazeichnung

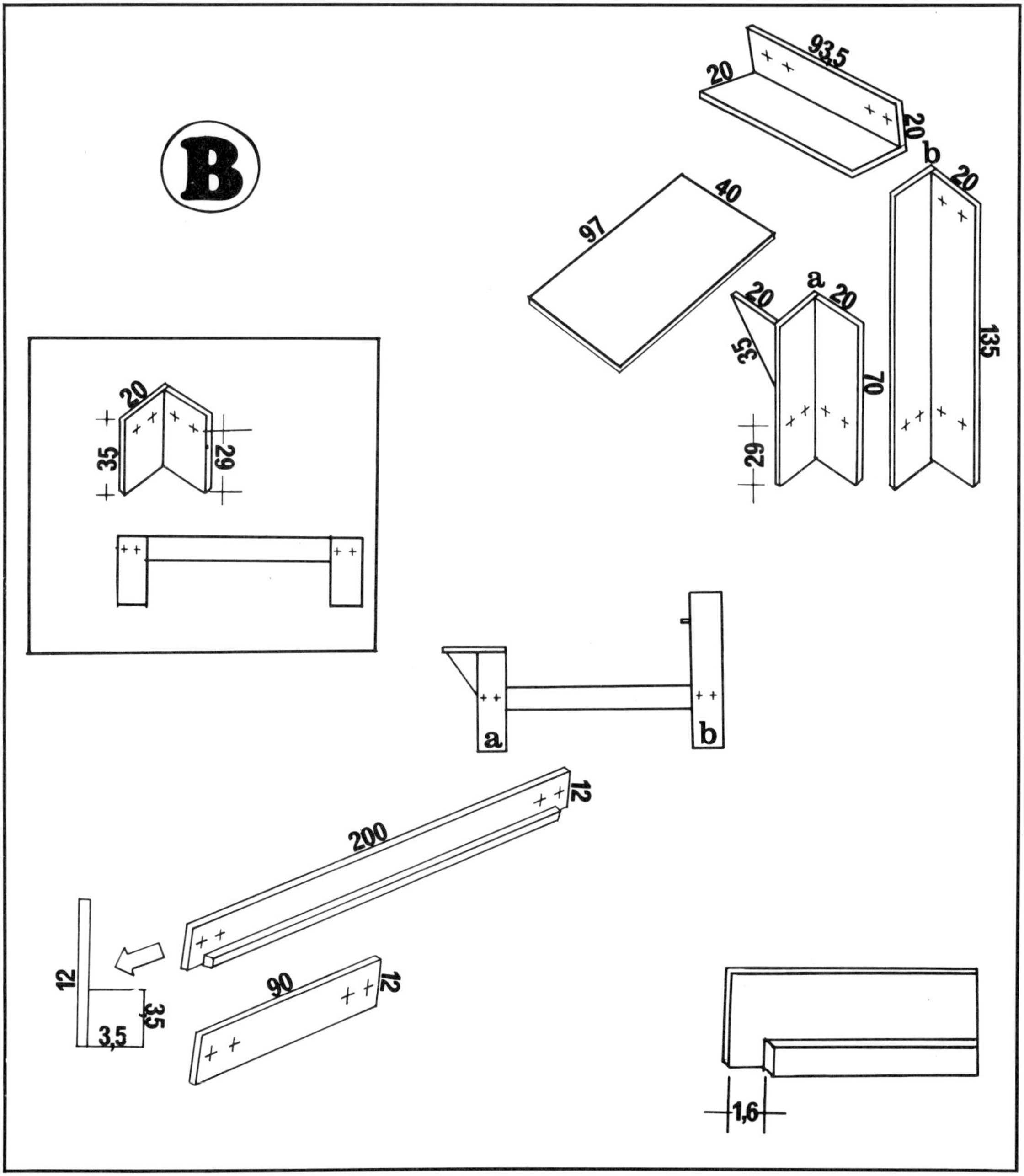

Schemazeichnung

1

2

3

Ein Kinderbett zum Schlafen und Spielen

Material

Furnierte od. beschichtete Spanplatten, Massivholzleisten, Umleimer, Kleber, Dachlatten, Klavierband, Holzdübel, Schrauben.

Werkzeug

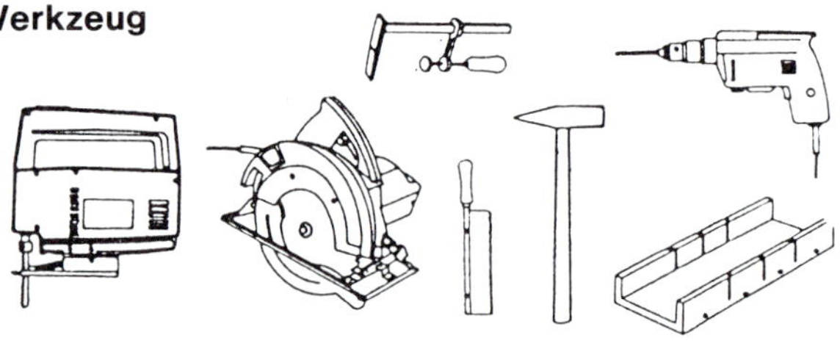

Schwierigkeitsgrad

0 1 2 3

Kraftaufwand

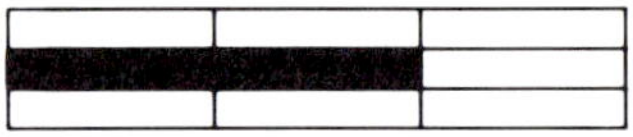

0 1 2 3

Arbeitszeit

Sie benötigen für das Kinderbett ca. 10 Stunden.

Ersparnis

Durch Eigenleistung sparen Sie ungefähr 200 DM.

Der Bettkasten dieses verwandelbaren Kinderbettes ist eine einfache Konstruktion aus beschichteten oder furnierten Spanplattenzuschnitten, die mit Holzdübeln und Leim zusammengefügt werden. Als Auflage für den Lattenrost dient ein auf Gehrung gearbeiteter Lattenrost, der aus gehobelten Dachlatten gebaut wird oder den Sie sich fertig kaufen. Der Rahmen wird innen an den Bettkasten geleimt und zusätzlich verschraubt. Am Kopfende ist ein praktischer Staukasten für Bücher oder Spielzeug vorgesehen, der mit einer separaten Klappe versehen ist.

Die Front unseres praktischen Kinderbettes, das tagsüber zur Spielfläche wird, ist sechs Zentimeter niedriger als die übrigen Korpusteile. So entsteht ein Lüftungsschlitz für das unter der Platte versteckte Bettzeug.

Tagsüber wird das Bett mit einer Klappe abgedeckt, die auf drei Seiten des Korpus ruht. Sie ist auf der Rückseite mit dem Korpus durch ein über die ganze Länge des Bettes laufendes Klavierband verbunden. Hochgeklappt wird die Deckplatte nachts durch zwei große drehbare Haken an der Wand gehalten. Achten Sie darauf, daß diese Haken wirklich bombenfest in der Wand verankert werden und sich nicht plötzlich unbeabsichtigt lösen können.

Arbeitsanleitung

1. Die Seitenteile werden mit der Stichsäge zugeschnitten.

2. Die rauhen Kanten säubern Sie mit einem Umleimer aus Echtholz.

3. Die fertig zugeschnittenen Teile werden mit Holzdübeln verbunden und zusätzlich verleimt.

4. Wichtig: Beim Zusammenklopfen immer ein Holzstück unterlegen, um die Oberfläche nicht zu beschädigen.

5. Die Bettklappe befestigen Sie mit einem Scharnierband (bzw. Klavierband) am Bettkorpus.

6. Und so sieht unser praktisches Bett zum Schlafen und Spielen aus, wenn es fertig ist.

4

5

6

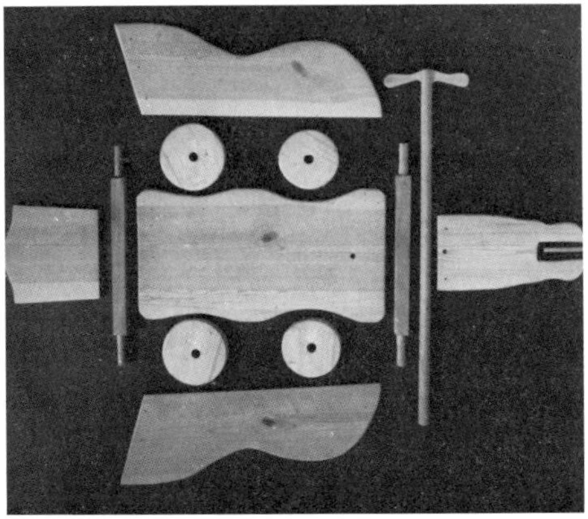

1

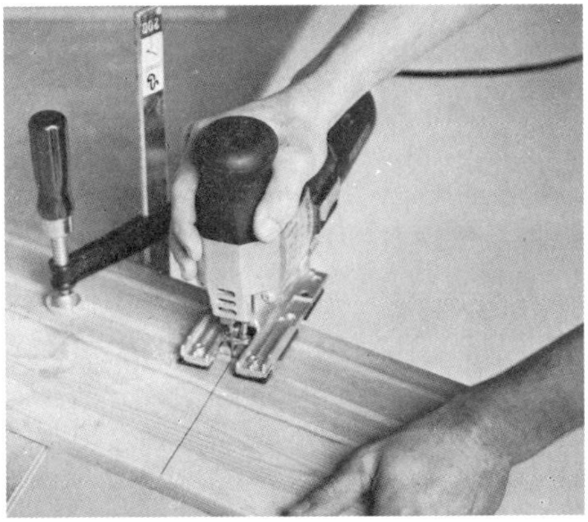

2

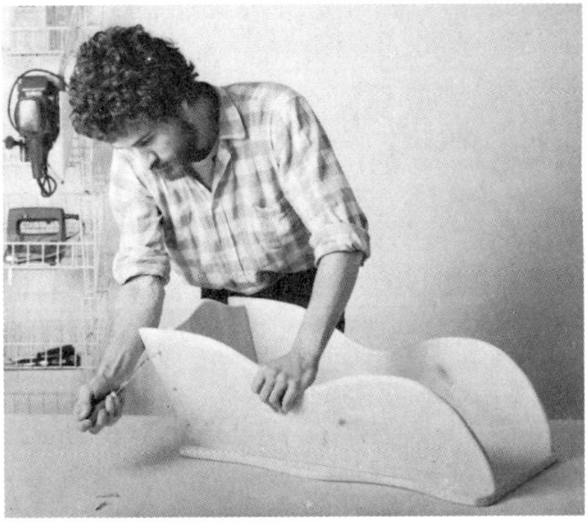

3

Spielzeug aus Massivholz

Material

Massivholz, Sperrholz, Dachlatten, Glasscheibe, Klavierband, Nägel, Schrauben, Kleber, Bienenwachs-Holzbalsam.

Werkzeug

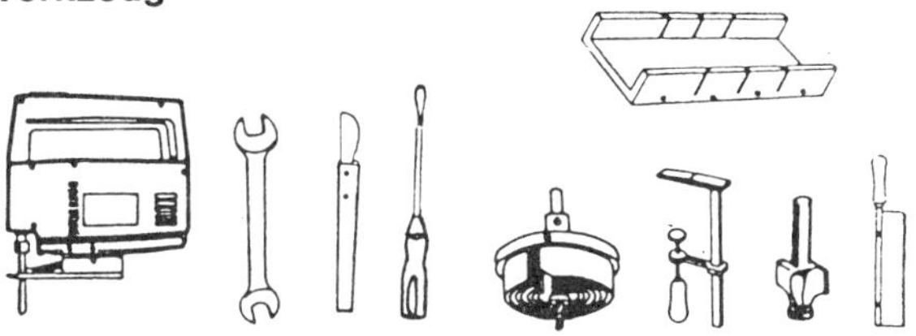

Schwierigkeitsgrad

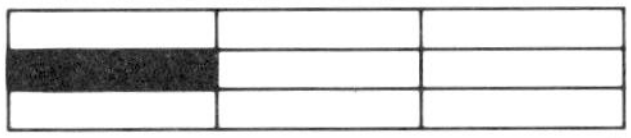

0 1 2 3

Kraftaufwand

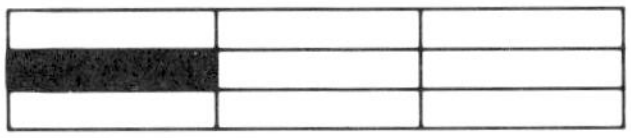

0 1 2 3

Arbeitszeit

Pro Spielzeug müssen Sie mit ca. 3 Stunden Zeitaufwand rechnen.

Ersparnis

Massives Holzspielzeug ist sehr teuer. Je nach Ausführung sparen Sie bis zu 100 DM.

Ein Bollerwagen
Ungemein beliebt bei Kindern zwischen zwei und fünf Jahren ist Spielzeug aus Massivholz. Es ist, wenn es stabil genug gebaut wurde, praktisch unzerstörbar und regt darüber hinaus, selbst wenn seine Bestimmung für Erwachsene eindeutig erscheint, die Phantasie eines Kindes ungemein an.
An erster Stelle der Beliebtheitsskala steht ohne Zweifel der vielseitig verwendbare ,,Bollerwagen".

Arbeitsanleitung

1. Aus diesen Einzelteilen wird der Wagen gebaut. Als Material verwenden wir Massivholz und Räder als Fertigteile. Sofern Sie eine verleimte Platte nicht fertig im Laden kaufen können, müssen Sie die handelsüblichen Bretter selbst verleimen und zusätzlich mit Holzdübeln verdübeln.

2. Die Einzelteile werden mit der Stichsäge aus der Platte gesägt. Auch hier wieder auf Sägeschnittbreite achten.

3. Die einzelnen Teile werden verleimt und zusätzlich verschraubt.

4. Wie Sie die Achse mit den Rädern am Wagen befestigen, zeigt unsere Abbildung.

5. Und so sieht die Radaufhängung aus.

6. Der fertige Bollerwagen ist fahrbereit.

Falls das Fahrzeug ausschließlich in der Wohnung benutzt werden soll, genügt es, die Oberfläche mit Bienenwachs-Holzbalsam zu behandeln. Bei einer Verwendung im Freien ist unbedingt ein witterungsbeständiger Oberflächenschutz erforderlich, da auch bei sorgfältigster Verleimung Wasser in das Holz eindringt und es quellen läßt. Danach ist es kaum noch zu reparieren. Vermeiden können Sie solche Probleme, wenn Sie anstelle von Massiv- oder Leimholz wasserfest verleimtes Sperrholz in der entsprechenden Stärke verwenden. Auch dieses Holz ist ja ein reines Naturprodukt ohne jede schädliche Beimischung, wie sie teilweise noch bei Spanplatten verwandt wird (Formaldehyd). Eine Oberflächenlackierung ist jedoch trotzdem angebracht.

4

5

6

1

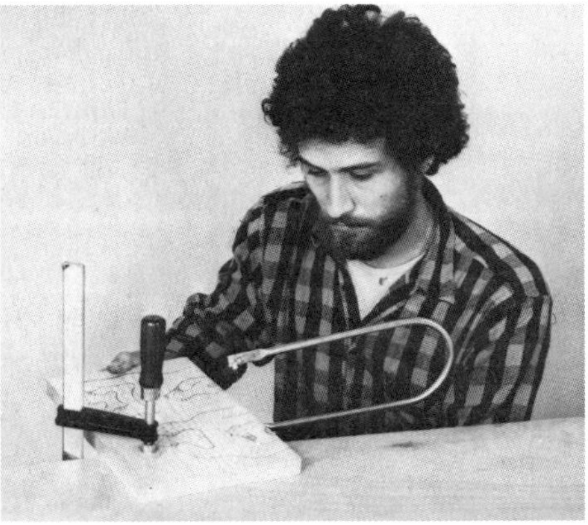

2

3

Eine lustige Katzenfamilie

Bei diesem Holzspielzeug müssen Vater oder Mutter schon ein wenig zeichnerisches Talent mitbringen. Zumindest dann, wenn Sie unseren Vorschlag variieren und daraus vielleicht eine ganze Bauernhof-Tierfamilie machen wollen.

Der Nutzeffekt dieses Spielzeugs ist ein doppelter: Zum einen ist es ein Puzzle für die Kleinsten und zugleich kann man mit den Tieren natürlich auch einzeln spielen, beispielsweise zur Belebung des bereits erwähnten Bauernhofes.

Arbeitsanleitung

1. Das Motiv, in unserem Fall die Katzenfamilie, wird zunächst zeichnerisch auf Papier in Originalgröße entworfen, bis alle Tierfiguren genau ineinanderpassen. Am besten versuchen Sie es zunächst einmal mit einfachen geometrischen Figuren. Wichtig ist, das keine ,,toten" Teile übrig bleiben, also keine Teile ohne spätere Funktion. Ist das Werk gelungen, wird es mit Pauspapier auf 16-Millimeter-Massivholz oder Sperrholz sorgfältig übertragen.

2. Mit der Stichsäge oder auch mit einer Laubsäge werden die einzelnen Figuren ausgesägt.

Achten Sie beim Entwerfen auf Ihre Phantasie. Was zeichnerisch möglich ist, läßt sich noch lange nicht in die richtige Form zurechtsägen. Krallen, allzu spitze Ohren oder ein Katzenschwanz sehen zwar hübsch aus, würden aber beim Zurechtsägen Probleme aufwerfen oder aber, wenn es gelingen sollte, beim Spielen sofort abbrechen.

3. Das fertige Stück wird naturfarben belassen und mit Holzbalsam geschützt oder mit einem kinderfreundlichen Lack eingelassen. Natürlich kann man das Ganze auch farbig lackieren. Die Naturfarbenhersteller bieten heute eine ganze Palette von farbigen Lacken an, die absolut unschädlich sind, so daß Kleinkinder ein solches Stück auch mal in den Mund stecken können. Und da sie so etwas gerne machen, sollten die Einzelteile auch nicht zu klein konzipiert werden.

Ein Kasperletheater
Arbeitsanleitung

1. Ein schönes und vor allem sehr stabiles Kasperletheater ist der Wunsch eines jeden Kindes.
Die Konstruktion besteht aus Massivholzleisten und 6 bis 10 Millimeter starkem Sperrholz.
Die Maße bestimmen Sie selbst. 120 Zentimeter Höhe und Breite sollten jedoch als Mindestmaß gelten.
Der vordere Rahmen besteht aus gehobelten Fichtenbrettern, die mit einer Stichsäge auf zehn Zentimeter Breite zugesägt werden. Die Kopfleiste ist 20 Zentimeter breit und erhält eine ebenfalls mit der Stichsäge zugeschnittene Verzierung. Die Rahmenteile werden mit Holzdübeln zusammengefügt und zusätzlich verleimt.
Die Seitenteile werden entweder ebenfalls aus Fichtenbrettern geschnitten. Man kann hier jedoch auch einfach gehobelte Dachlatten verwenden. Sie sehen vielleicht nicht ganz so gut aus, erfüllen aber ihren Zweck.

2. In die obere Querleiste wird ein Schlitz gesägt, in den später der Zapfen der Holzstange paßt. Dieser Zapfen muß locker sitzen und leicht hin und hergeschoben werden können, um den Vorhang als Hintergrund oder eben als Vorhang zu gebrauchen.
Von hinten werden jetzt die zugeschnittenen Sperrholzplatten auf das Vorder- und die Seitenteile geleimt und zusätzlich vernagelt. Sie sollten bündig auf den Rahmen passen.
Zum Schluß schleifen Sie den Korpus gründlich ab, damit eine saubere Oberfläche für die Weiterbehandlung entsteht.
Die Kanten des Rahmen etwas brechen und dann das Ganze mit Klarlack anstreichen oder Holzbalsam überziehen.
Die dazugehörigen Puppen können Sie natürlich ebenfalls selbst herstellen. Im Buchhandel gibt es zu diesem Thema eine große Auswahl an praktischen Arbeitsanleitungen.

1

2

1

Ein Lastwagen als Spardose
Arbeitsanleitung

1. Die einzelnen Teile stellen Sie sich am einfachsten aus Sperrholz, einem Abfallstück Massivholz für das Fahrerhaus und die Räder her. Die Räder lassen sich problemlos mit einem Kreisschneider aussägen.
Der Rahmen für die eigentliche Spardose besteht aus einem auf Gehrung geschnittenem Doppelrahmen, zwischen den eine entsprechend große Glasscheibe geklebt wird. In die hintere obere Leiste wird mit einem scharfen Messer ein Einschnitt für den Geldschlitz gekerbt.

2. Zum Schluß alles sauber zusammenleimen, trocknen lassen und abschleifen. Anschließend mit Klarlack oder Holzbalsam überziehen.

2

Ein Sattelschlepper
Arbeitsanleitung

Dieser Sattelschlepper ist sozusagen das Grundmodell für eine ganze Reihe von Lastautos und kann beliebig variiert werden. Die Zugmaschine besteht aus einem 2,5 bis 3,0 Zentimeter breiten Holzklotz, ca. 10 Zentimeter lang. Die Größe ist hier jedoch nur ein Richtwert und kann nach Wunsch verändert werden. Da kleine Kinder solche Holzspielzeuge gerne ziehen, dient das Bohrloch im Führerhaus zum Befestigen einer Kordel.

Die Räder bestehen aus einfachen Holzscheiben, wie man sie in Baumärkten kaufen kann. Sie können natürlich auch mit einem Kreisschneider aus entsprechend starkem Holz selbst zurechtgesägt werden. Für die Achsen brauchen wir 6-Millimeter-Buchenholzrundstäbe, die durch 8-Millimeter-Bohrlöcher geführt und in die Räder mit Holzleim eingeleimt werden.

Die Verbindung zwischen dem Hänger und der Zugmaschine erfolgt ebenfalls durch einen Buchenholzrundstab, der im hinteren Teil der Zugmaschine eingeleimt wird. Er führt durch ein entsprechendes Bohrloch im Hänger.

Ein Ochsengespann
Arbeitsanleitung

Die beiden Tiere werden mit der Stichsäge aus zwei übereinanderliegenden und fest eingespannten Stücken aus Fichtenholzbrettern ausgesägt. Versehen Sie dann die vier Füße mit einem 8 Millimeter starkem Bohrloch; anschließend die Kanten leicht brechen und die Köpfe mit einem Schnitzmesser profilieren. Für den entsprechenden Abstand der Tiere voneinander sorgen zwei eingeleimte Holzdübel oder Abschnitte von Rundstangen.

Die Räder werden mit dem Kreisschneider ebenfalls aus Fichtenholz geschnitten und erhalten jeweils ein sechs Millimeter großes Bohrloch. Die Achse besteht aus einem sechs Millimeter starkem Rundstab aus Holz, der in die Räder eingeleimt wird. Da die Bohrlöcher in den Füßen der Tiere etwas größer sind, kann sich so die Achse leicht drehen.

Vor dem Zusammenfügen der einzelnen Teile werden sie selbstverständlich wie immer sauber abgeschliffen und oberflächenbehandelt. Da Holzspielzeuge von Kleinkindern auch in den Mund gesteckt werden, sollten Sie Holzbalsam verwenden.

Ein Traktor
Arbeitsanleitung

Praktisch nach dem gleichen System wie unser Ochsengespann und der Sattelschlepper wird auch unser Traktor mit Anhänger gebaut. Durch geringfügige Veränderungen an der Deichsel durch Haken und Öse kann der Anhänger übrigens auch von dem Ochsengespann gezogen werden.

Der Aufbau der einzelnen Teile ist aus unserer Abbildung deutlich ersichtlich. Die Räder werden wieder mit dem Kreisschneider geschnitten, die Verstrebungen bestehen aus sechs Millimeter starken Rundstäben, das Dach aus entsprechend starkem Sperrholz und der Motorblock aus einem Holzklotz. Alle Teile werden mit Holzleim zusammengefügt.

Interessant ist der Aufbau des Anhängers. Die Grundplatte wird an allen vier Ecken mit einem Rundstab versehen. Er sollte nicht zu lang sein, da er sonst zu leicht abbricht.

Das Gitter besteht aus einzelnen Leisten, die an beiden Enden mit einem Bohrloch versehen werden (6-Millimeter-Rundstab mit 8-Millimeter-Bohrloch). Jetzt werden die Leisten einfach wechselweise aufgesteckt. Kleben ist nicht nötig.

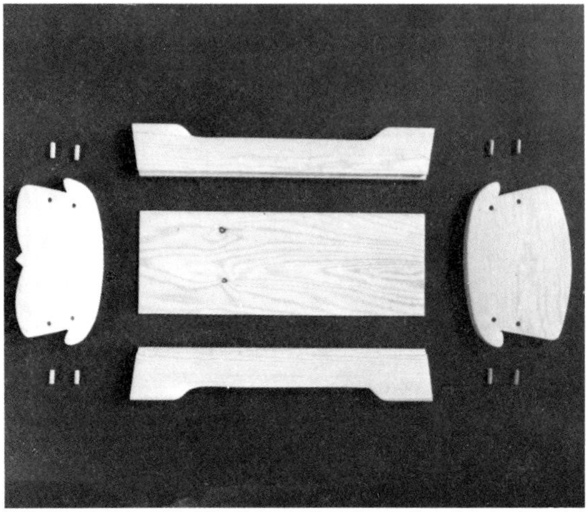

1

Eine Puppenwiege aus Holz

Arbeitsanleitung

1. Die Einzelteile aus Massivholz schneiden Sie sich mit Hilfe einer Stichsäge zurecht.

2. Anschließend werden die Teile mit Holzdübeln verbunden und zusätzlich, damit sie festhalten, verleimt.

3. Damit sich später beim Spielen nichts lösen kann, ist es sinnvoll, die Wiege mit Schraubzwingen über Nacht zusammenzupressen.

4.–5. Nachdem Sie die Wiege zum Abschluß noch oberflächenbehandelt haben, ist das Spielzeug einsatzbereit.

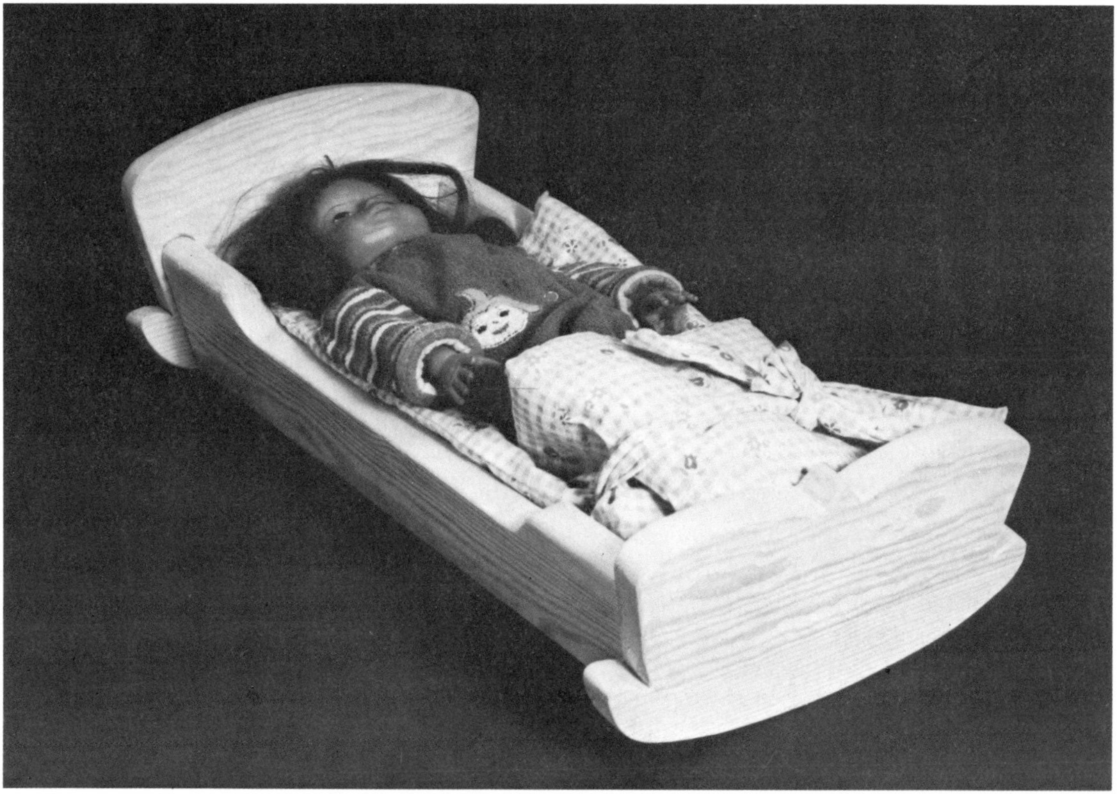

4

2

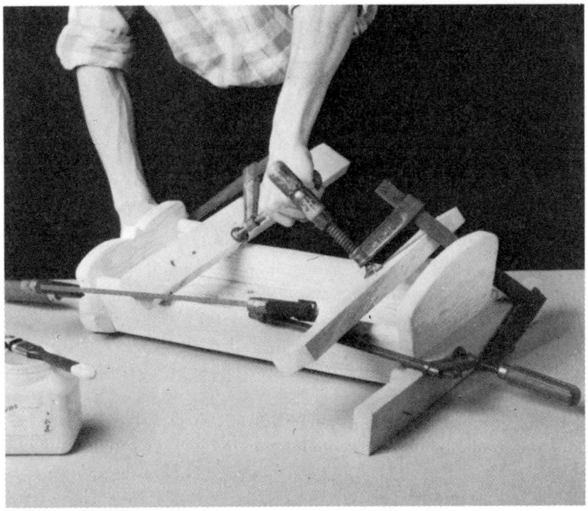
3

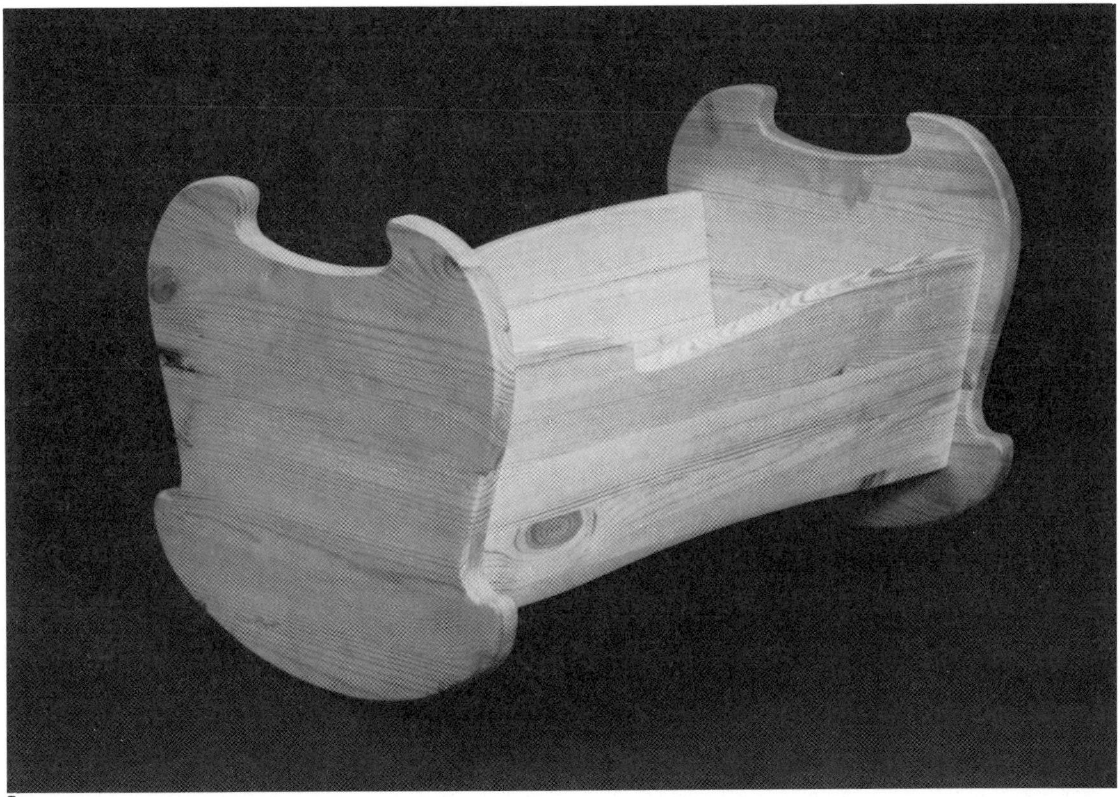
5

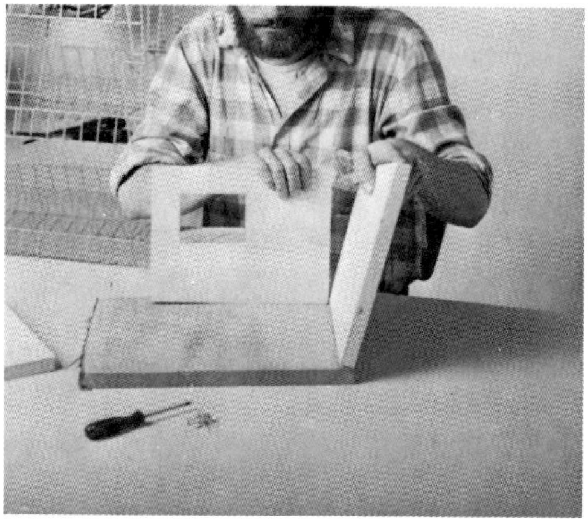
1

2

3

Ein meisterhaftes Puppenhaus

Material
Massivholz, Holzleisten, Klavierband, Nägel, Schrauben, Holzkleber.

Werkzeug

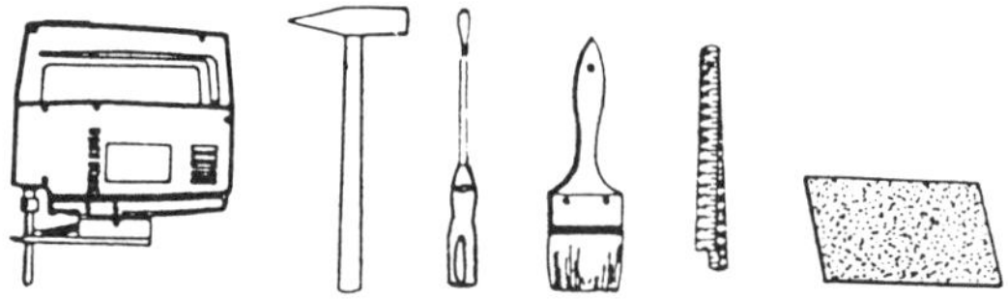

Schwierigkeitsgrad

0 1 2 3

Kraftaufwand

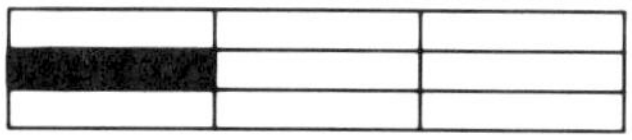
0 1 2 3

Arbeitszeit
Für unser Puppenhaus benötigen Sie etwa 10 Stunden.

Ersparnis
Durch Eigenleistung sparen Sie ca. 150 DM.

Ebenfalls aus Massivholz gebaut ist dieses Puppen- oder Bauernhaus, das vorzüglich zu unserem Ochsengespann paßt.

Arbeitsanleitung

1.–2. Die einzelnen Teile werden mit der Stichsäge zugeschnitten, verleimt und verschraubt.

3. Das Schindeldach besteht aus auf Länge geschnittenen Holzleisten, die einfach auf die Seitenteile genagelt werden.

4. Die beiden Haushälften werden abschließend auf der Rückseite mit einem Klavierband versehen und können so auf- und zugeklappt werden.

5. Zum Schluß stellen Sie das Haus auf eine abgeschliffene Grundplatte, die entsprechend den Hausteilen in der Mitte ebenfalls teilbar ist.

6. Die Ausgestaltung mit den entsprechenden Accessoires ist der Phantasie des Häuslebauers überlassen.

Dieses Haus ist bewußt aus dickem Massivholz zugeschnitten, da es später noch eine weitere Aufgabe übernehmen soll. Nachdem das Kind dem Alter entwachsen ist, in dem es mit solchen Puppenhäusern spielt, kann es im Garten aufgestellt und als Vogelhäuschen benutzt werden. Da das Kind jetzt bereits eine Beziehung zu »seinem« Haus hat, wird man es leicht regelmäßig zum Füttern der Vögel bewegen können. Vor dem Aufstellen im Freien müssen Sie das Häuschen noch einmal dick mit farblosem Lack überziehen. Ersetzen Sie bei dieser Verwendung eventuell das Klavierband durch verzinkte wetterfeste Scharniere.

4

5

6

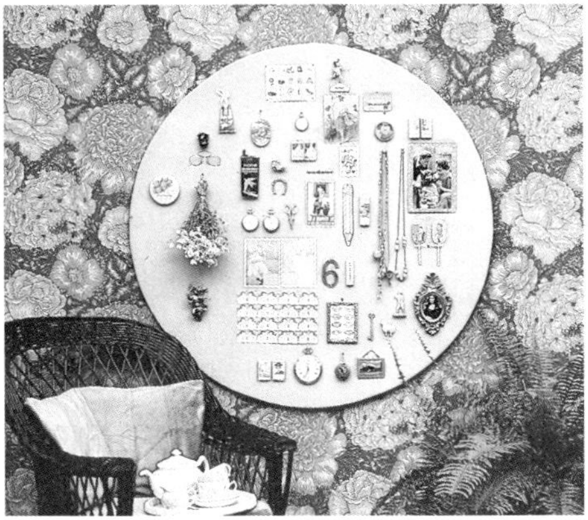

1

2

3

Pinnwände aus Holz

Material
Kiefernholzleisten in verschiedenen Stärken und Längen, Dämmplatten, Sperrholzplatten, Holzdübel, Ösen, Schrauben, Nägel, Lacke.

Werkzeug

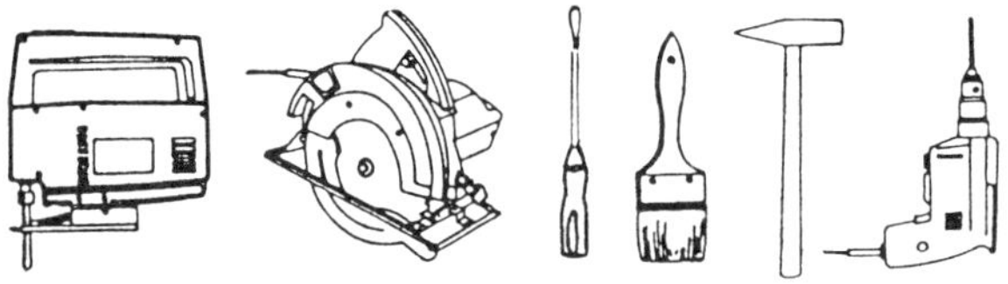

Schwierigkeitsgrad

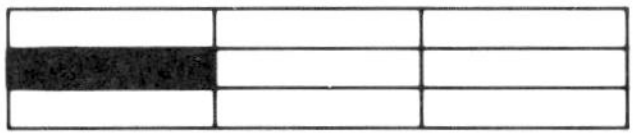

Kraftaufwand

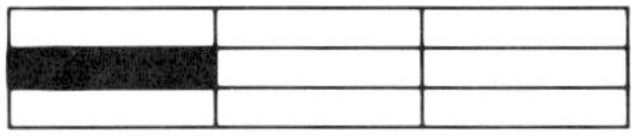

Arbeitszeit
Je nach Ausführung benötigen Sie für eine Pinnwand zwischen 2 und 10 Stunden.

Ersparnis
Je nach Ausführung sparen Sie zwischen 50 und 200 DM.

4
Pinnwände kann man ohne große Mühe selber bauen.

Arbeitsanleitung

1. Die stoffbezogene und farbig lackierte runde Pinnwand aus dünner Spanplatte oder Sperrholz eignet sich gut für Sammlerzwecke (siehe Abb. 11).

2. Auch die »Postkarte« wirkt sehr poppig und ist zum Sammeln von Ansichtskarten bestimmt, beispielsweise im Büro. Sie besteht

5

6

aus einer dünnen Span- oder Sperrholzplatte, 102 × 55 cm, und aus rahmenden Holzleisten, zwei Leisten 102 × 2 und drei Leisten 51 × 2 cm. Anschließend lackieren Sie sie nach Ihrem Geschmack (Konstruktion siehe Abb. 9).

3. Das »Küchenbrett« ist für Küchenrezepte bestimmt. Geschützt durch eine klare Folie, hat man sie stets vor Augen. Die Holzplatte hat einen ausgesägten Griff als Dekoration. Eine lose fallende Plastikfolie schützt gegen Feuchtigkeit und Küchendünste (siehe Zeichnung 13).

4. Der »Schottenkasten« ist wieder für das Wohnzimmer gut geeignet. Für dieses Pinnbord benötigen sie zwei Stück Kiefernholz 74 × 5,6 × 2,2, zwei Stück Kiefernholz 69,8 × 5,6 × 2,2 cm, eine Rigips-Platte in den Maßen 81 × 74 cm. Außerdem brauchen Sie noch Messingbeschläge für die Ecken und 85 × 85 cm Stoff im Schottenmuster für den Bezug der Platte. Die Holzleisten werden verschraubt, den Rahmen tackern oder nageln Sie auf die bezogene Rigips-Platte.

5. Das »Schlüsselbrett« gehört natürlich in die Diele. Das große Schlüsselloch wird aus lackiertem Holz auf das Naturholz aufgesetzt. Die Maße der Einzelteile entnehmen Sie der Abbildung 14.

6.–7. Das dreiteilige Pinnbord läßt sich zu einem kleinen Tischchen ausklappen. Wie die einzelnen Teile zusammengehören, veranschaulichen die Zeichnungen in Abbildung 10 auf Seite 118. Für die drei Rahmen benötigen Sie 6 Stück Kiefernholz 2,2 × 5,6 × 74 cm, 6 Stück Kiefernholz 2,2 × 5,6 × 69,8 cm, 4 Innenleisten 69,8 × 1 × 1 cm und 4 Innenleisten 67,8 × 1 × 1 cm. Als Grundplatten verwenden Sie zwei Rigips-Platten für die Pinnwände mit den Maßen 81 × 74 cm und für das Tischchen eine 12 mm starke Sperrholzplatte mit den gleichen Maßen. Hinzu kommen noch vier 7 cm lange

7

8

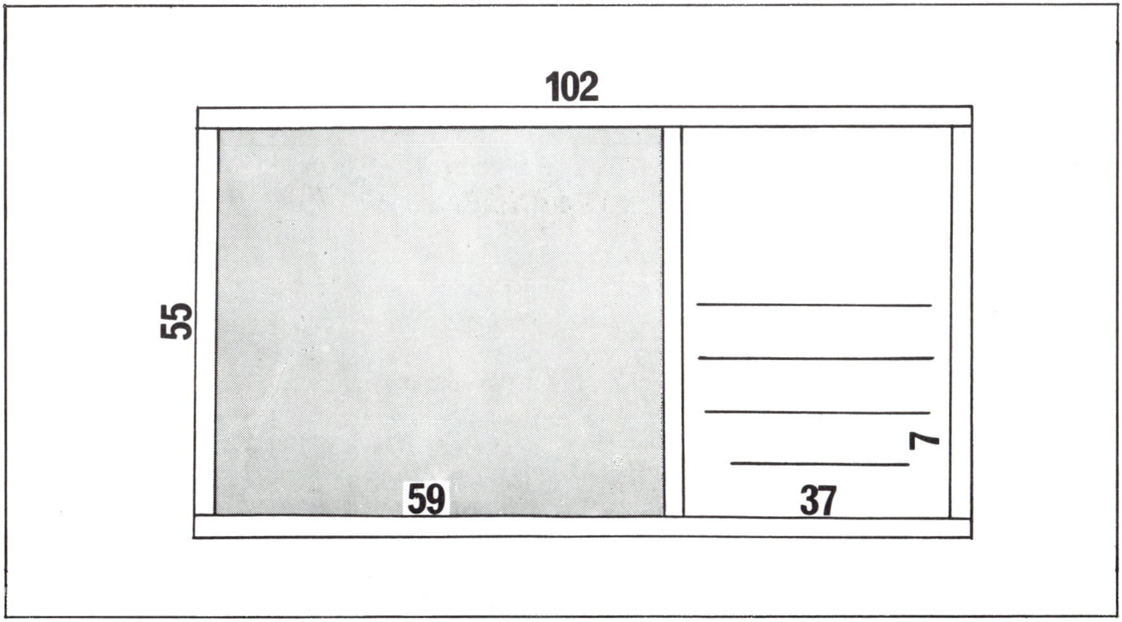

9

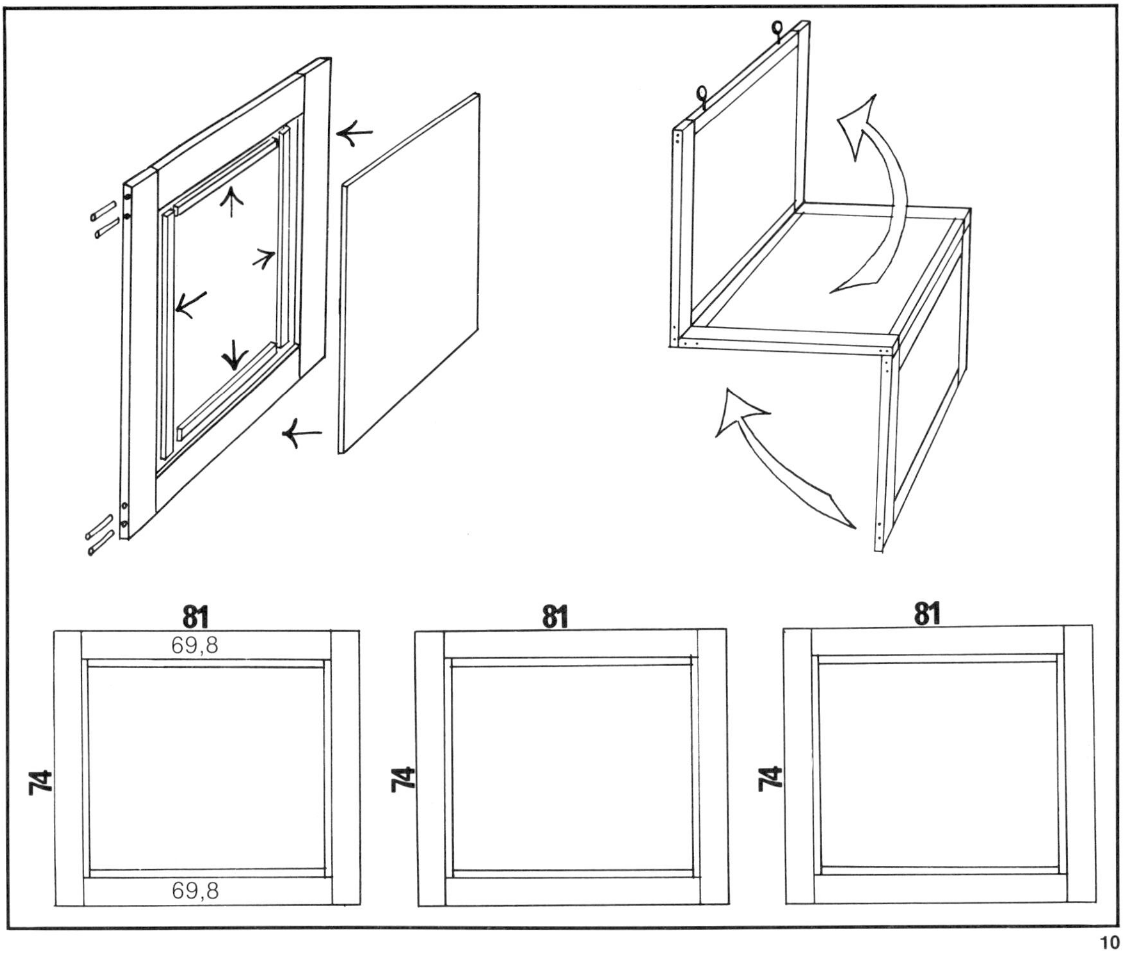

Scharniere. Fügen Sie nun die einzelnen Teile nach Abbildung 10 zusammen. Wenn Sie im Umgang mit Holzdübeln nicht so geübt sind, verwenden Sie Holzschrauben.
Eine pfiffige Variante dieses Pinnbords ist die Verwandlung zu einem kleinen Telefon-Notizbuch. Um die drei durch Scharniere miteinander verbundenen Platten hochzuklappen, darf kein aufgehängter Gegenstand dicker sein als die Innennut des Rahmens. Im hochgeklappten Zustand werden die Rahmen mit einem Drehhaken gehalten.

8. Eine weitere hübsche Variationsmöglichkeit ist die Pinnwand in Form eines poppigen Bildes. Kleben Sie die rot lackierten und auf Gehrung geschnittenen Bilderrahmen-Profilleisten auf eine weiß lackierte Sperrholzplatte. Vergessen Sie nicht, eine Aufhängung zu befestigen. Diese Arbeit ist kein Kunststück und macht auch dem weniger Geübten Spaß.

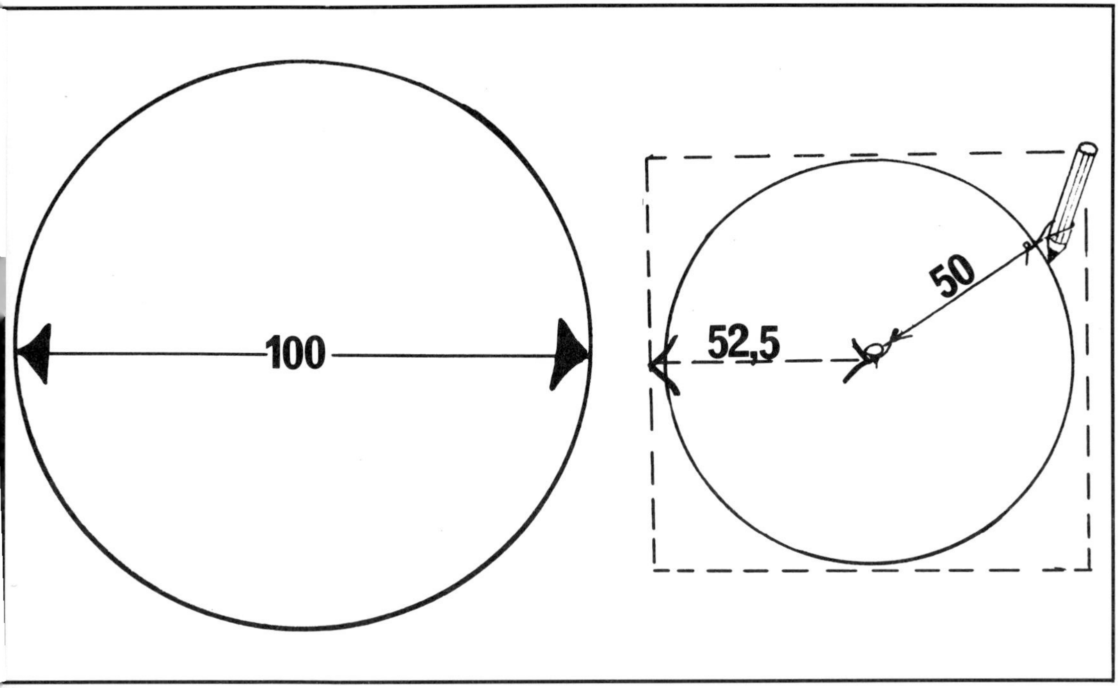

11

12

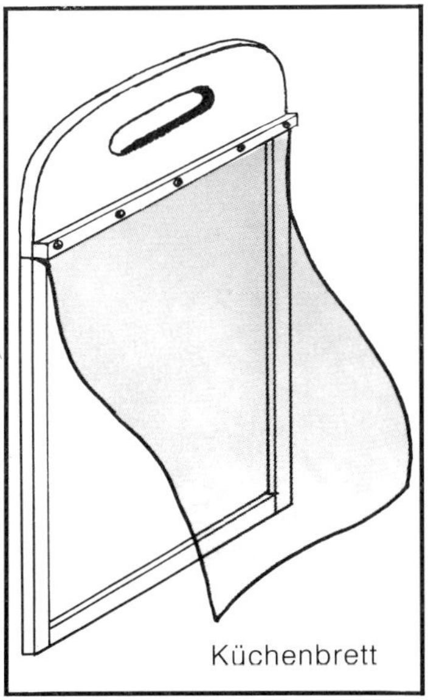

13

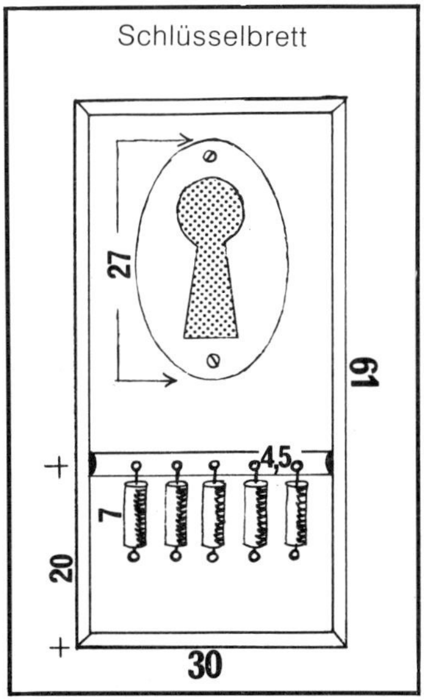

14

Bildquellen-Nachweis

Die nachstehend in alphabetischer Reihenfolge aufgeführten Firmen haben Bildmaterial zur Verfügung gestellt. Da die genannten Firmen damit zur Gestaltung dieses Buches beigetragen haben, möchte ich ihnen für diese freundliche Unterstützung danken.
Wenn Sie die Materialien dieser Firmen bei Ihrem Fachhändler oder Heimwerker-Markt nicht erhalten, können Sie sich auch direkt an sie wenden. Man wird Ihnen dann die Adressen der nächstgelegenen Vertriebslager und -stellen nennen.

Auro Naturfarben,
Alte Frankfurter Straße 21, 3300 Braunschweig
Caparol,
Deutsche Amphibolin-Werke
von Robert Murjahn,
Roßdörfer Straße 50,
5105 Ober-Ramstadt
Fotostudio Zoom,
Marktallee 64,
4400 Münster
Informationsgemeinschaft Heimwerken,
Schloßstraße 15,
4000 Düsseldorf 30
Per Dalsgard,
c/o International Magazine Service,
Postfach 70 09 69,
2000 Hamburg 70
Studio Casa,
Kerstingskamp,
4400 Münster